기도에도 튜닝이 필요하다

박광리 지음

생명의말씀사

기도에도 튜닝이 필요하다

ⓒ 생명의말씀사 2015

2015년 4월 22일 1판 1쇄 발행

펴낸이 | 김재권
펴낸곳 | 생명의말씀사

등록 | 1962. 1. 10. No.300-1962-1
주소 | 서울시 종로구 경희궁1길 5-9(110-062)
전화 | 02)738-6555(본사) · 02)3159-7979(영업)
팩스 | 02)739-3824(본사) · 080-022-8585(영업)

지은이 | 박광리

기획편집 | 구자섭, 장주연
디자인 | 윤보람, 조현진
인쇄 | 영진문원
제본 | 정문바인텍

ISBN 978-89-04-16506-3 (03230)

저작권자의 허락없이 이 책의 일부 또는 전체를
무단 복제, 전재, 발췌하면 저작권법에 의해 처벌을 받습니다.

기도에도 튜닝이 필요하다

목차

프롤로그 내 기도, 이대로 괜찮은가? · 08

1장   기도응답이라는 덫에서 빠져 나와라 · 17

하나님은 다 아신다 / 우리는 모르는 것이 너무 많다 / 하나님이 결론 내리시게 하라 / 응답이란 무엇인가? / 기도 제목이 우상이 될 수 있다 / 하나님의 진짜 속마음 / 우리의 기도는 무능력하다

2장   억지로 큰 소리로 기도하려고 하지 마라 · 35

큰 소리로 기도해야 하는가? / 대표 기도를 잘해야 하는가? / 방언으로 기도해야 하는가? / 부르짖음은 자연스러운 것이다 / 부르짖을 때의 기도 1. 위기를 만난 공동체 / 부르짖을 때의 기도 2. 위기를 만난 개인 / 진짜 부르짖음을 회복하라

3장 기도를 멈추는 것은 죄다 · 53

왜 나에게 이런 일이? / 약할 때 강함이 되시는 하나님 / 부르짖기 싫어하는 이스라엘 / 부르짖음이 사라지면 나타나는 우상 / 기도를 쉬는 죄 / 내 마음을 시험하라

4장 기도는 지속적인 관계맺기다 · 73

내 기도는 충분한가? / 하나님, 저 바쁜 것 아시잖아요? / 기도는 내 인생에 쓸모가 있는가? / 하나님은 효율을 원하지 않으신다 / 기도는 지속적인 관계맺기다

5장 열심보다 중요한 것은 제대로 하는 것이다 · 87

기도는 될 때까지 밀어붙이는 것이 아니다 / 하나님께 기도할 때는 강청해야 된다? / 제대로 하는 기도 1. 좋으신 하나님께 완전히 맡기라 / 하나님께 기도할 때는 끝까지 매달려야 한다? / 제대로 하는 기도 2. 믿음의 삶을 살며 기도하라 / 기도는 특별한 것이 아니라 일상적인 것이다

6장　하나님의 창고는 욕심으로 열리지 않는다   · 105

하나님이 듣지 않으시는 기도가 있다 / 내가 정욕적인가? / 필요의 결핍 vs 원함의 결핍 / 만나와 메추라기 사이에서 / 하나님의 창고를 여는 내려놓음의 기도

7장　삶이 기도가 되게 하라   · 121

기도하고 실족하는 사람들 / 먹을 것을 포기하면서까지 드리는 기도 / 나의 삶을 지켜보시는 하나님 / 기도 따로, 삶 따로? / 삶이 기도가 되게 하라

8장　장애물은 반드시 하나님께 맡겨라   · 139

하나님이 반드시 필요한 인생 / 잘못된 결정 / 거인은 내가 상대할 존재가 아니다 / 하나님께 맡기면 시각이 바뀐다 / 수동적 기도도 배워야 한다

9장 인내가 주는 해피엔딩을 맛보라 · 155

문제투성이 인생 / 인내가 필요한 인생 / 분명한 소망 안에서의 인내 / 끝까지 인내하도록 기도하라 / 인내가 주는 열매

10장 하나님은 우리의 전부가 되신다 · 173

하나님은 어디서나 빛나고 계신다 / 하나님의 아름다운 피조물, 인간 / 모든 것을 허용하신 하나님 / 내면에 심어 놓으신 하나님을 향한 갈망 / 기도, 하나님의 또 다른 배려 / 예배하는 삶으로 만족하지 못하는 인생 / 기도의 진정한 목적

에필로그 · 188

프롤로그

내 기도, 이대로 괜찮은가?

오케스트라 연주자들은 정확한 음정으로 연주하기 위해서 연주 전에 반드시 악기를 절대 음에 맞춰 놓는다. 이 작업을 '튜닝'이라고 한다. 악기는 저마다 고유한 소리가 있다. 하지만 소리를 내는 것만으로 악기의 역할을 다할 수는 없다. 소리가 크다고 되는 것도 아니다. 정확한 음정으로 주변 악기와 화음을 맞추는 것이 중요하다. 정확한 음정으로 연주될 때 비로소 악기의 고유한 소리가 감동적으로 전달될 수 있다.

기도회를 지속적으로 인도하면서 내 기도에도 튜닝이 필요한 것은 아닌지 의문이 들었다. 감동적인 연주를 위해서 악기의 음정을 정확하게 맞추는 작업이 중요하듯이 무조건 큰 소리로 기도한다고 모두 좋은 것은 아닌 것 같다.

오래 전, 기도에 대해 관심을 갖게 되면서 기도와 관련된 책을 찾아보기 시작했다. 대부분의 책에서 강조하는 것은 기도의 방법이었다. 어떻게 기도해야 응답을 많이 받을 수 있는지 그 노하우를 알려 주는 듯했다. 그렇다면 기도란 노하우를 숙지해서 그대로 따라 하기만 하면 되는 것인가?

기도에 대한 관심이 커지면서 주변에서 기도하는 사람들을 자주 접하게 되었다. 그런데 아이러니하게도 기도를 하면서 오히려 실족하는 사람이 많다는 것을 깨달았다.

'도대체 기도에 대해서 어떻게 이해하고 있기에, 또한 무엇을 구했고, 어떤 방법으로 기도했기에 낙심에 빠지게 된 것일까? 왜 기도하면서 오히려 신앙에서 떠나고 실망해 고통 가운데 처하게 된 것일까?'

기도 자체를 어려워하는 사람들도 많다. 그런데 하나님은 우리에게 필요하기 때문에 기도를 주셨다. 기도가 절실히 필요하기 때문에 "항상, 그리고 쉬지 말고 기도하라"라고 말씀하실 정도다. 만약 기도가 항상, 쉬지 말고 해야 하는 것이라면 하나님은 기도를 어렵게 만들지 않으셨을 것 같다. 모든 삶을 다 포기하고 기도만 하라는 뜻은 아니라는 것이다. 분명히 우리의 삶을 괴롭히려고 기도를 주신 것이 아니다. 결국 기도를 어렵게 생각하는 우리에게 무슨 문제가 생긴 것이 분명하다.

도대체 기도가 무엇이기에 우리가 이토록 기도의 무게에 짓눌려 살아가고 있는 것일까? 내가 알고 있는 기도가 맞기는 한가? 내 기도에 무슨 조치가 필요한 것은 아닌가?

나는 제대로 기도하고 있는가?

과녁에 열 발의 화살을 맞히고 싶다면 방법은 크게 두 가지다. 첫 번째는 활 쏘는 법을 모르는 채 무작정 쏘아 대는 것이다. 몇백 발쯤 쏘다 보면 언젠가 열 발 정도는 과녁에 맞을 것이다. 두 번째는 활 쏘는 법과 원리를 제대로 배워서 한 발 한 발 과녁에 맞히는 것이다.

두 가지 방법에 공통점이 있다면 힘들다는 것이다. 열 발이 과녁에 맞을 때까지 무작정 몇백 발 쏘는 데는 굉장한 에너지가 소비된다. 중노동일 것이다. 두 번째 방법 역시 활 쏘는 법과 원리를 배워야 하고 수많은 반복 훈련을 필요로 한다. 배움과 연습의 과정이 무척 고될 것이다.

그렇다면 차이점은 무엇일까? 이는 실전에서 여실히 드러난다. 실전에서는 활 쏘는 법을 배운 두 번째 사람이 필요하다. 제대로 쏴야만 전쟁에서 이길 수 있기 때문이다. 무작정 활을 쏘는 것은 연습에서는 가능하지만, 실전에서는 아무 소용이 없다. 그저 수많은 화살만 낭비할 뿐이다.

우리의 기도가 이러한 형국이다. '무작정 부르짖고 기도하다 보면 언젠가는 응답되겠지' 하고 생각한다. 하지만 과연 그럴까? 이러한 기도는 실전과도 같은 이 땅에서의 삶에서 그다지 효과적이지 않다. 하나님이 원하시는 기도가 있는데, 그것을 무시한 채 내 방법대로만 열심히 기도한다면 결국 기도를 열심히 하면 할수록 하나님 반대 방향으로 더 빨리 멀어지게 될 뿐이다.

하나님은 진리를 추구하라고 말씀하신다. 하나님의 의도를 바로 이해하는 것이 필요하다. 따라서 우리는 성경이 무엇을 말하는지 정확히 알기 위해 애써야 한다. 누군가가 "이렇게 기도했더니 복을 받았습니다"라고 말할지라도 그것이 과연 하나님이 기뻐하시는 기도인지 점검해 보고, 올바른 방향으로 기도해야 한다.

'합심 기도'나 '통성기도' 같은 용어를 보면, 우리의 기도가 외형적인 면을 강조하고 있다는 사실을 부인하기 어렵다. 많이 모여서 기도하고, 큰 소리로 기도하는 것이 좋다는 메시지를 은연중에 전하고 있는 것 같다. 합심 기도를 한다고 모였는데, 같은 마음으로 기도하는 것이 아니라 단지 같은 교회에 모여 있을 뿐 서로 다른 기도를 하고 있다면 그것은 성경이 말하는 합심 기도가 아니다. 통성기도를 할 때 큰 소리가 믿음의 크기를 재는 기준이라면 '목소리 큰 사람이 이긴다' 라는 세상의 논리가 통하는 것밖에는 되지 않는다.

예수님은 왜 그토록 조용한 시간에 은밀한 공간에서 기도하셨을까? 예수님은 공생애 기간 중에 왜 기도회를 인도하지 않으셨을까? 예수님이 우리가 기도하는 모습을 지켜보신다면 무엇이라고 말씀하실까?

나는 목회자로서 합심 기도나 통성기도가 성도들의 마음에 얼마나 뜨거운 열정을 일으키는지 잘 알고 있다. 하지만 그 뜨거운 열정이 진짜인지를 점검하는 일을 게을리한다면 진정한 기도의 의미는 퇴색된 채 단지 큰 소리만 난무하게 될 것이다. 열심 있는 기도를 비판하는 사람은 아무도 없을 것이다. 그러나 '제대로' 기도하는가를 따져 보는 일을 간과해서는 안 된다.

나는 왜 기도하는가?

'기도의 사람' 하면 누구나 조지 뮬러를 떠올릴 것이다. 잘 알듯이 그는 일평생 5만 번 이상의 기도 응답을 받았다. 많은 사람들이 조지 뮬러처럼 기도 응답을 받으며 살기를 원한다.

하지만 안타깝게도 오직 기도 응답에만 관심이 많다. 기도 응답을 많이 받으면 부와 명예와 성공적인 인생을 손에 쥘 것처럼 여긴다. '5만 번 이상의 기도 응답을 받기까지 과연 조지 뮬러는 얼마나 많은 기도를 했으며, 얼마나 오랜 시간 기도했을까?' 하고 생각하는 사람은 적은 것 같다. 조지 뮬러가 지금 이 땅에 살고 있다면, 5만 번 이상 기도 응답을 받았다는 사실을 자랑하며 다녔을까?

왜 하나님은 조지 뮬러의 기도에 적절히 응답해 주셨을까? 그것은 그의 기도가 하나님의 마음에 맞았기 때문이다. 그의 삶이 하나님이 기뻐하시는 삶이었기 때문이다. 그는 자신의 유익을 구하며 살지 않았다. 그는 고아원을 운영하며 불쌍한 어린아이들을 돌봤다. 그리스도인이 된 이후에 '물질을 공급하시는 분은 하나님밖에 없다'라고 다짐했고, 그 믿음을 가지고 어떤 어려운 상황에서도 기도만 했다.

기도를 많이 해야 응답을 받는 것이 아니다. 특별한 기도 노하우가 있어야 하나님의 은혜를 체험하는 것이 아니다. 정말 기도 응답을 많이 받고 싶다면 조지 뮬러와 같이 하나님이 기뻐하시는 삶을 살아야 한다.

우리의 기도는 이 땅에서 행복하고자 하는 바람들로 가득 차 있다. 우리의 삶의 목적이 이 땅을 향하고 있는 한 하늘의 창고는 열리지 않는다. 왜냐하면 하나님은 하늘의 신령한 자원이 이 땅의 이기적이고 욕심 많은 사람에게 허비되는 것을 두고 보지 않으시기 때문이다. 삶의 기도가 수반되지 않는 한, 기도의 노하우만으로는 하나님의 보좌를 결코 움직일 수 없다.

이제, 기도의 패러다임을 바꾸라

간절히 기도하는 성도들의 모습을 보면 '얼마나 절박하면 저렇게까지 기도할까?' 하는 생각이 들곤 한다. 나는 정말 기도하는 성도 한 사람 한 사람이 하나님의 은혜를 누리기를 간절히 원한다. 그런데 하나님을 이용하려고만 하는 기도가 너무나도 난무하는 것 같아 마음이 아프다. 하나님이 사람을 위해서 존재하시는 듯한 착각마저 든다.

떼쓰고 매달리고 강청하면 하나님은 무조건 들어주실 수밖에 없다는 태도로 기도하는 사람도 있다. 반드시 원하는 것을 얻어 내야 하기 때문에 용한(?) 권사님을 찾아가기까지 한다. 하나님이 지금

내 상황을 모르실 수도 있으니 일일이 구체적으로 알려 드려야 한다는 의무감에 빠져서 기도하는 사람들도 있다.

한국 교회의 위기는 기도의 위기다. 하나님의 관심사에서 멀찌감치 떨어진 채 "열심히 기도하는데 응답이 되지 않습니다"라고 하며 실족하고 불평하는 악순환의 고리를 끊어야 한다. 욕심으로 구하면 응답되지 않는다. 이 사실을 강조하고, 또 강조해도 나만은 예외일 것이라고 생각하면서 욕심을 내려놓지 않는다. 욕심으로 구하는 기도일지라도 열심히 기도하고, 끈질기게 기도하고, 강청하면 하나님도 들어주실 수밖에 없다는 잘못된 믿음에 빠져 있다.

한국 교회의 열심 있는 기도가 다 틀렸다고 말하는 것이 아니다. 그러나 분명히 우리의 기도는 패러다임을 바꿔야 할 분기점에 놓여 있다. 더 깊은 기도가 필요하다. 어떤 목적을 이루기 위한 수단으로서의 기도가 아니라 하나님 자체를 구하는 진정한 기도의 정신이 회복되어야 한다.

'하나님께 구하는 기도'에서 '하나님을 구하는 기도'로 전환되기를 간절히 소망한다.

기도는 자신이 요구하는 사항을 나열하는 것이 아니라고 몇 번을 말해도, 자신이 요구할 것을 빼고 나면 무엇을 기도해야 할지 몰라 패닉 상태가 되고 만다. 우리가 다시금 회복해야 하는 기도가 있다면, 그것은 어린아이처럼 하나님께 부르짖는 기도다. 하나님을 부르는 단순한 기도다.

1장
기도응답이라는 덫에서 빠져나오라

하나님은 다 아신다

우리는 하나님의 입장보다는 우리의 입장에서 기도를 생각한다. 어쩌면 당연하다. 인간은 부족한 것이 많고 하나님은 부족한 것이 없으시기 때문이다. 기도는 부족함을 느끼고 결핍이 있는 우리에게만 필요한 것이지 풍요로우신 하나님께는 필요가 없다. 그래서 우리는 부족한 것이 있거나 우리 힘만으로는 안 되는 한계를 만날 때 하나님께 기도한다. 그러다 보니 우리가 원하는 것을 받는 것에만 관심을 둘 뿐 기도의 제작자이신 하나님이 우리의 기도를 어떻게 듣고 계실지에 대해서는 무관심하다.

기도를 만드시고 우리에게 기도하라고 명하신 분은 하나님이시다. 그렇다면 하나님이 왜 우리에게 기도하라고 하시는지 생각해

봐야 하지 않을까? 하나님이 기도를 주신 이유와 우리가 생각하는 기도가 서로 다르다면 당연히 문제가 생길 수밖에 없다. 그러므로 우리는 하나님 편에서 기도를 바라봐야 한다.

기도에 대해서 알아보기 위한 첫걸음으로 성경이 말하는 중요한 진리 하나를 전제하는 것이 좋겠다. 그것은 바로 "하나님은 우리의 모든 상황을 이미 아신다"라는 것이다.

하나님은 우리가 왜 어려운지, 우리에게 무엇이 필요한지, 우리가 무엇 때문에 두려워하는지를 포함해 우리에 관한 모든 것을 이미 다 아신다. 이것은 매우 당연한 사실이다. 하나님은 모든 피조물의 창조자이실 뿐 아니라 지금도 모든 만물을 주관하시며, 동시에 모든 것을 꿰뚫어 보시는 전지한 분이시기 때문이다. 이 전제를 인정하지 않는 것은 곧 불신앙이라고 할 수 있다. 예수님은 이렇게 말씀하셨다.

"그러므로 염려하여 이르기를 무엇을 먹을까 무엇을 마실까 무엇을 입을까 하지 말라 이는 다 이방인들이 구하는 것이라 너희 하늘 아버지께서 이 모든 것이 너희에게 있어야 할 줄을 아시느니라"(마 6:31-32).

뿐만 아니라 성경은 우리가 이 땅에 태어나기 전부터 하나님이 우리를 아셨고, 또한 지명하셨다고 말한다(사 43:1). 그리고 그분이 우리 각자의 머리카락 수까지 알고 계신다고 말한다(마 10:30). 하나님이 우리 인생의 전 영역을 모조리 아신다는 것이다.

우리는 모르는 것이 너무 많다

하나님이 우리의 모든 상황을 이미 아신다는 사실에 동의하는가? 만약 그렇다면 하나님께 굳이 자신의 상황을 보고하듯이 미주알고주알 알릴 필요가 없다는 점에도 동의를 한 셈이다. 그렇다. 기도는 자신의 기도 제목 하나하나를 하나님께 알려 드리듯 나열하는 것이 아니다. 하나님이 자신의 사정을 모르실까 봐 전전긍긍하며 일일이 아뢸 필요가 없다는 것이다. 이렇게 이야기하면 많은 분들이 이렇게 질문할지도 모르겠다.

"하나님이 다 아시는데 뭐하러 기도를 해요?"

이 질문은 이미 많은 사람들이 하나님이 자신의 상황을 모르시기 때문에 알려 드리듯이 기도를 해왔다는 사실을 반증해 준다. "하나님은 우리의 모든 상황을 이미 아신다"라는 전제를 받아들이는 순간, 더 이상 어떻게 기도해야 할지 막막해지는 것이다. 우리가 기도에 대해 너무 협소하게 이해하고 있다는 뜻이기도 하다.

그렇다면 우리의 상황을 다 아시는 하나님께 어떻게 기도해야 할까? 예레미야 33장 3절에서 그 답을 찾아보자.

"너는 내게 부르짖으라 내가 네게 응답하겠고 네가 알지 못하는 크고 은밀한 일을 네게 보이리라"(렘 33:3).

우리가 매우 잘 알고 있는 말씀이다. 기도에 대한 대표적인 본문이기도 하다. 우리는 이 본문을 이렇게 해석하고 싶어 한다.

"하나님께 나의 모든 상황을 알려야 해. 그냥 작은 소리로 말해서는 안 되고, 큰 소리로 알아들으실 수 있게 외쳐야 해. 부르짖듯이 외쳐야 해. 소리쳐야 해."

그런데 이런 의미라면 앞서 살펴본 마태복음 6장 31-32절이 의미하는 바와 완전히 반대가 되고 만다. 하나님이 우리에게 기도하라고 명하셨는데, 우리를 헷갈리게 하시려고 이처럼 이중적으로 말씀하신 것일까?

이 부분은 예레미야 33장 3절 하반 절을 읽어 보면 좀 더 명확한 해석이 가능하다. 하나님은 "내가 응답할 것이다. 그런데 나의 응답은 네가 알지 못하는 크고 은밀한(비밀한) 것이다"라고 말씀하셨다. 만일 기도가 우리의 상황을 하나님께 부르짖어 알려 드리는 것이고, 기도 응답이 자신이 하나님께 알려 드린 대로 되는 것이라면, 이 말씀은 이렇게 바뀌어야 할 것이다.

"너는 내게 부르짖으라 그리하면 네가 부르짖는 대로 되리라."

그러나 하나님은 우리가 부르짖는 대로가 아니라 우리가 전혀 알지 못하는 은밀하고 놀라운 답을 주겠다고 말씀하셨다. 다시 말해, 우리는 하나님의 응답을 예측조차 할 수 없다는 것이다. 우리는 하나님이 생각하고 계시는 크고 은밀한 것이 무엇인지 알 수 없기 때문에 구할 수 없다. 그러므로 기도 응답이란 우리가 하나님께 알려 드린 대로 되는 것이 아니라 하나님 스스로 결정하시는 것이라는 사실을 알 수 있다.

우리 입장에서는 우리가 원하는 것을 얻으려고 기도하지만, 하나님은 우리와 다른 결론을 가지고 계실 수 있다. 그리고 그 결론이 우리가 요청하는 것보다 훨씬 더 놀랍고 좋을 수 있다. 우리가 기도할 때 놓치는 부분이 바로 이것이다. 하나님은 "너는 모르지만 나는 네가 놀랄 만한 크고 은밀한 일을 이미 가지고 있다. 너는 이 사실을 믿어야 한다"라고 말씀하신 것이다.

하나님이 결론 내리시게 하라

"너는 내게 부르짖으라"라는 말씀에는 무엇을 부르짖으라는 것인지 그 내용이 나오지 않는다. 그냥 하나님께 부르짖으라고 말한다. 여기서 '부르짖다'의 원어는 '카라'인데, '부르다', '초대하다'라는 의미다. 그러니깐 '너는 나를 부르라'라는 뜻이다. 좀 더 강조하자면, '너는 나만 부르라'라는 것이다.

여기서 우리가 무엇을 기도해야 하는지 발견할 수 있다. 단순히 상황을 하나님께 나열하는 데 급급하지 말고 '하나님 자체'를 구하라는 것이다. 이것이 바로 하나님이 우리에게 원하시는 기도다. 하나님의 입장에서 기도란 하나님 아닌 것에 딴눈 팔지 말고, 다른 방법을 찾지 말고 오직 하나님께 나아와 하나님께 물어보는 것이다.

NLT 성경은 "내게 부르짖으라"라는 말씀을 "Ask me"로 표현하고 있다. '나를 부르라', 즉 '나에게 물어보라' 라는 것이다. 이때는 '내가 알고 있는 구체적인 내용을 요청하다' 라는 표현보다는 '아무것도 모르는 상태에서 물어보다' 라는 표현이 더 적절하다.

우리는 전능하신 하나님께 감히 "이것 해주세요, 저것 해주세요" 하고 강요할 수 있는 존재가 아니다. 하나님이 우리보다 더 잘 아시고, 더 지혜로우신데 어떻게 우리가 그분께 무엇을 요청할 수 있단 말인가? 오히려 하나님께 물어보고 상의해야 마땅하다. 즉 하나님은 우리에게 이렇게 말씀하시는 것이다.

"나를 설득해서 네가 원하는 것을 얻어 낼 생각은 하지 마라. 미리 답을 가지고 와서 그대로 해달라고 하지 마라. 오히려 문제가 생기면 먼저 나를 부르라. 그리고 나에게 물어보라. 그리하면 너희가 생각지도 못하는 크고 은밀한 일을 보여 주겠다."

우리의 힘과 지혜로는 도저히 불가능해 보이는 일들도 하나님은 하실 수 있다. 이 사실을 믿는다면 그 어떤 생각이나 계획, 방법이든 다 내려놓고 가장 먼저 하나님께 나아와 하나님을 부르고 하나님께 물어봐야 한다.

당신은 어떠한가? 이미 결론을 가지고 와서 그대로 되게 해달라고 기도하는가, 아니면 하나님이 주실 결론을 기대하면서 기도하는가?

기도는 구체적이어야 하고 꼼꼼해야 한다는 말을 자주 듣는다. 그렇게 기도해야 삶의 구석구석을 하나님께 의탁하고 하나님 앞에 가져갈 수 있기 때문이라고 한다. 그러나 이를 왜곡해 모든 것을 자신이 원하는 대로 만들려는 목적을 추구하게 된다면 어떻게 될까? 이때는 구체적인 기도가 오히려 독약이 될 수 있다. 삶을 자기 마음대로 좌지우지하고 싶어서 하나님을 이용하겠다는 것밖에는 되지 않는다.

예를 들어, 한 초등학생이 자신의 인생에 대해 매우 분명하고 확고한 꿈이 있다고 하자. 아마도 그 아이는 꿈을 향해 하루하루 성실하게 살아갈 것이다. 이러한 장점에도 불구하고 단점도 있을 수 있다. 또 다른 기회와 방향을 수용하지 못할 수 있기 때문이다. 초등학생의 시야는 근시안적이고 단선적이다. 아직은 어리고 미숙하다. 부모의 도움과 조언이 필요한 시기다.

우리에게도 하나님의 도우심이 필요하다. 결론에 이르기 전에 하나님께 묻고, 상의하고, 충분히 대화하는 과정을 거쳐야 한다. 왜냐하면 우리는 하나님보다 무지하고 연약한 존재이기 때문이다.

"내가 응답하겠다"(Answer you)라는 말씀은 '네가 원하는 것을 주겠다'가 아니라 '가장 좋은 답을 주겠다'라는 뜻이다. 그러므로 우리는 답을 가지고 하나님께 나아가 기도하지 말고 하나님의 답을 기대하면서 기도해야 한다. 정답은 하나님만이 아신다.

응답이란 무엇인가?

성경에서 '응답'이라는 말은 대부분 하나님의 백성이 하나님께 부르짖을 때 등장한다. 부르짖음과 응답은 세트로 나올 때가 많다는 뜻이다. 만약 '부르짖음'이 '우리의 기도'라고 한다면 '응답'은 '우리의 기도에 대한 하나님의 반응'이라고 할 수 있다.

조금 쉬운 예를 들어 보자. 네 살짜리 아이가 방에서 혼자 놀다가 날카로운 물건에 손을 벴다. 그때 아이가 어떻게 하는 것이 가장 좋을까? 옆방에 있는 부모에게 자기의 상황을 알리는 것이 최선일 것이다. 부모에게 뛰어가서 뭐라고 말해야 할까? 자초지종을 구체적으로 알리고 어떻게 조치해야 하는지 물어야 할까? 피가 나고 있으니 거즈를 가져다가 피를 닦고, 항생제가 들어 있는 연고를 바른 뒤, 반창고를 붙여 달라고 요청해야 할까? 그럴 필요 없다. 단지 큰 소리로 울면서 "엄마, 아빠!" 하고 외치는 것으로 족하다. 그러면 옆방에 있던 부모가 속히 뛰어와 조치를 해줄 것이다.

아이가 부모를 부르는 것을 '부르짖음' 이라고 한다면, 부모가 아이에게 "그래, 여기 있다!" 하고 대답하며 뛰어가는 것을 '응답' 이라고 할 수 있다. 부모는 그 상황에서 어떻게 대처해야 할지를 알고 있다.

하나님은 인간 부모보다 훨씬 더 지혜로우시다. 이미 우리의 모든 상황을 다 아시고, 그 상황에 맞는 답을 가지고 계신다. 이러한 믿음이 기도의 기초가 되어야 한다. 그렇기 때문에 결국 기도의 응답이란 인간의 부르짖음에 대한 하나님의 반응이라고 할 수 있다. 자신이 원하는 것을 얻는 것이 아니라 하나님의 방법과 때에 하나님이 우리에게 반응하시는 것이 바로 응답인 것이다.

때로는 하나님이 우리가 원하는 기도 제목대로 반응하지 않으실 수 있다. 그때는 이렇게 생각하면 된다.

'아, 내가 원하는 것이 하나님이 판단하실 때 좋은 것이 아니었나 보다. 하나님이 판단하실 때 내가 원하는 것보다 더 좋은 것이 따로 있나 보다. 하나님이 생각하실 때 지금은 좋은 때가 아닌가 보다. 하나님이 생각하실 때 지금보다 더 좋은 때가 있나 보다.'

결국 기도할 때 우리에게 필요한 것은 원하는 것을 얻어 내는 능력이 아니라 하나님이 좋은 것을 주실 것을 신뢰하는 믿음이다. 하나님의 방법과 하나님의 때를 인정하는 믿음이다. 하나님은 자녀들에게 가장 좋은 것을 주기 원하신다.

기도 제목이 우상이 될 수 있다

우리 모두에게는 기도 제목이 있다. 그런데 때로는 간절히 이루어지기를 바라는 기도 제목이 우리에게 우상이 될 수도 있다. 기도 제목이 생기면 '하나님의 답이 무엇일까?'에 대해서 알아보고자 하는 마음은 온데간데없고 그저 기도 제목대로 이루어지기만을 바란다. 기도 제목 자체에 몰두해 버리는 것이다.

가정에 경제적인 어려움이 닥치면 "돈이 필요합니다"라는 기도 제목을 내어놓고 오로지 '돈'에 몰두한다. 결국 "저는 돈이 없으면 못 삽니다" 하고 고백하는 셈이다. 자녀를 위해 기도 제목을 내어놓고는 '자녀'에게 몰두해 버린다. "저는 자녀가 잘못되면 못 삽니다" 하고 말하는 것과 같다.

하나님은 버젓이 살아 계셔서 역사하시는 분이다. 그런데 돈이 없으면 못 살고, 자녀가 잘못되면 못 산다고 기도한다면 도대체 하나님은 어떻게 되시는 것인가? 이렇게 기도 제목을 내어놓고 돈 때문에, 자녀 때문에 어려워한다면 아마도 하나님은 '네게 가장 중요한 것은 돈이구나. 그리고 자녀구나' 하고 생각하실 것이다. 하나님보다 더 중요한 위치에 있는 것이 바로 우상이다. 자신이 기도하고 있는 돈과 자녀가 하나님보다 더 중요하게 여겨지고 있다면, 우리의 기도 제목이 우상이 된 것이다.

하나님은 우리가 돈이 없어도, 자녀가 좀 잘못되어도 "하나님이 계시니 저는 소망이 있습니다"라고 기도하기를 원하신다. 하나님보다 현재의 어려움이 더 크게 보인다면 그것이 곧 우상임을 잊어서는 안 된다.

하나님은 이미 아시고, 이미 계획하시고, 이미 결론을 가지고 계신다. 그런데 우리는 하나님의 결론에는 전혀 관심이 없고 오직 자신의 결론에만 몰두한 채 기도하곤 한다. 하나님은 우리에게 오셔서 우리와 이야기를 나누시며 우리를 향한 놀라운 결론들을 나누기 원하신다. 그러나 우리는 이런 식으로 기도한다.

"하나님, 됐습니다. 바쁜데 무슨 대화입니까? 대화는 제가 상황이 좋아지면 그때 하시죠. 결론만 간단하게 답해 주세요. 이것 주실 겁니까, 안 주실 겁니까? 저 바쁩니다. 하나님이 안 주시면 다른 방법을 찾아볼게요."

하나님의 진짜 속마음

하나님은 우리와 대면해 이야기를 나누기를 진심으로 원하신다.

에스겔 36장 37절에는 이런 하나님의 마음이 잘 나타나 있다.

"주 여호와께서 이같이 말씀하셨느니라 그래도 이스라엘 족속이 이같이 자기들에게 이루어 주기를 내게 구하여야 할지라"(겔 36:37).

에스겔 36장은 이스라엘의 회복을 약속하시는 하나님의 메시지를 담고 있다. 이스라엘 백성이 불순종하고 범죄함으로 하나님이 다른 민족을 통해 심판하셨지만, 다시금 회복시켜 주겠다고 약속하시는 말씀이다.

그런데 흥미로운 사실은 이스라엘의 회복을 위해서 이스라엘 백성이 한 일이 없었다는 점이다. 바벨론에서 종살이했던 이스라엘 백성이 갑자기 하나님께 완전히 순종하는 백성으로 바뀐 것도 아니었다. 어찌 보면 하나님이 혼자 다 하셨다. 심판도 하나님이 하시고, 결국 회복시키신 분도 하나님이시다.

그런데 에스겔 36장 내내 이스라엘의 회복에 대해서 철저하게 계획하신 하나님이 마지막에 갑자기 이스라엘 백성을 쓱 끼워 넣으셨다. "주 여호와께서 이같이 말씀하셨느니라 그래도 이스라엘 족속이 이같이 자기들에게 이루어 주기를 내게 구하여야 할지라"라고 말이다.

이미 다 준비하시고, 또한 모든 것을 이루실 수 있는 분이 무슨 이유로 이 말씀을 마지막에 끼워 넣으신 것일까? 차라리 이 말씀을 1절에 두셔서 이스라엘 백성이 기도하는지 먼저 확인한 후에 회복시켜 주겠다고 하실 수도 있었을 텐데 말이다. 그러나 하나님은 오히려 반대로 말씀하셨다.

"회복에 대한 계획은 내게 다 있다. 그러니 너희는 나에게 부탁만 하면 된다."

이스라엘 백성이 스스로 '어떻게 해야 회복할 수 있을까?' 를 고민했다면 답이 보이지 않았을 것이다. 영영 종살이하는 백성으로 살아가야 했을지도 모른다. 그러나 하나님께는 불가능한 일이 없다. 다 하실 수 있다. 그저 우리는 한 가지 사실을 인정하고 기도하면 된다.

"하나님은 모든 것을 하실 수 있다."

그래도 구해야 주겠다는 하나님의 마음은 이런 것이라고 할 수 있다.

"나는 너희가 상상하지도 못하는 크고 놀라운 일을 할 수 있는 하나님이다. 그것을 믿는다면 이제 나의 이 놀라운 계획과 방법에 동참하라. 내가 기회를 주마. 나 여호와는 일방적으로 너희를 이끌어 가는 하나님이 아니다. 나는 인격적인 하나님이다. 나는 너희와 함께 무엇이든지 같이 하고 싶다. 내가 억지로 너희를 이끌어 가고, 너희는 끌려가는 인생을 원하지 않는다. 나는 너희가 나의 계획을 알고 있어서 자발적으로 동참하며 그 일을 해나가면 좋겠다. 내가 바라는 것이 있다면 너희가 너희의 인생에 대해서 너무 걱정하지 말고 내 안에 들어와서 나와 이야기하면서 나의 좋은 것들을 다 누리는 것이다. 너희는 그냥 내 안에 들어와 있으면 된다. 그냥 나를 부르기만 하면 된다. 나를 신뢰하고, 내게 기대하고 감사하면 그것으로 족하다."

이것이 우리를 향한 하나님 아버지의 마음이다. 하나님의 놀라운 역사에 우리가 동참하게 해주시는 것이다. 결국 기도는 하나님이 은혜의 자리로 우리를 초대하시는 것이다. 자신이 원하는 것이 혹여나 이루어지지 않을까 걱정하고 긴장하는 마음으로 부담스럽게 기도의 자리로 나아오는 것은 하나님이 기뻐하시는 모습이 아니다. 하나님은 모든 것을 이미 다 아신다. 우리는 그 하나님께 자녀 된 마음으로 부르짖기만 하면 된다.

우리의 기도는 무능력하다

기도가 능력이 있는 이유는 그 기도를 들으시는 하나님이 능력 있는 분이시기 때문이다. 소위 '기도 좀 한다는 사람들'이 착각하는 것이 바로 이 부분이다. 자기가 능력이 있어서, 능력 있는 기도를 하기 때문에 하나님이 더 잘 들어주신다고 생각한다. 정말 큰 착각이다.

물론 하나님은 우리의 기도에 분명히 반응해 주신다. 때로는 우리가 원하는 것을 허용해 주기도 하신다. 히스기야가 기도를 통해 15년간 생명을 연장받은 사건이 좋은 예다. 그러나 이 사건을 보면서 히스기야가 능력 있게 기도했기 때문에 응답을 받은 것이라고 생각한다면 어린아이 수준의 신앙이라고 할 수 있다. 그렇다면 누구나 히스기야처럼 기도하면 생명을 15년 연장받을 수 있다는 말인가? 아니다. 반대로 생명을 15년 연장받지 못한 사람은 하나님께 버림받은 사람인가? 아니다. 기도는 하나님의 주권을 인정하는 믿음으로 해야 한다.

당신은 하나님께 기도로 요청한 것을 얻기 원하는가, 아니면 하나님이 주시는 것을 받기 원하는가? 이 질문에 대한 답은 우리가 기도를 어떻게 생각하고 있는지를 알려 주는 바로미터다. 하나님이 나보다 나를 더 잘 아시고, 더 좋은 것으로 예비하고 계신다는 사실을 믿는 사람만이 하나님이 주시는 것을 받기 원할 수 있다.

때로는 하나님이 주신 좋은 것이 바라던 것이 아닐 수 있다. 그래서 좋은 것이 좋은지 모르고 지나가 버릴 수 있다. 마치 유대인들이 예수 그리스도를 알아보지 못한 것처럼 말이다. 우리는 하나님이 주신 좋은 것을 발견하고 감사해야 한다. 이것이 하나님이 우리에게 원하시는 기도의 태도다.

기도에 대한 우리의 인식을 바꿔야 한다. 하나님 편에서 생각하는 훈련을 계속해야 한다. 기도의 주도권과 기도의 응답은 우리에게 있지 않다. 모든 결정권은 하나님께 있다. 우리가 할 일은 은혜로 하나님의 결정에 동참하는 것이다. 하나님의 역사에 참여하는 것이다. 하나님께 나아감으로 이미 주어진 좋은 것을 얻는 것이다.

그런데 우리는 간청만 하는 기도에 너무 익숙해졌다. 하나님 자체를 구하는 법을 잊어버렸다. 하나님과 대화하고 결론을 만들어 가는 인격적인 과정을 잊은 지 오래다. 기도는 자신이 요구하는 사항을 나열하는 것이 아니라고 몇 번을 말해도, 자신이 요구할 것을 빼고 나면 무엇을 기도해야 할지 몰라 패닉 상태가 되고 만다.

우리가 다시금 회복해야 하는 기도가 있다면, 그것은 어린아이처럼 하나님께 부르짖는 기도다. 하나님을 부르는 단순한 기도다.

우리는 무엇을 위해 부르짖고 있는지 면밀하게 살펴봐야 한다. 큰 소리로 기도하면 하나님이 더 잘 들으시는가? 큰 소리로 기도하면 하나님이 신앙이 더 좋다고 평가하시는가? 큰 소리로 기도하면 사람들이 기도를 잘하는 사람이라고 칭찬해 주는가? 이것이야말로 가장 억지스럽고 부자연스러우며, 예수님이 그토록 싫어하신 바리새인들의 기도다.

우리가 다시 추구해야 하는 기도가 있다면 그것은 부르짖음이 자연스러운 기도다. 이를 위해서는 공동의 기도에 대한 훈련이 필요하다.

2장
억지로 큰 소리로 기도하려고 하지 마라

큰 소리로 기도해야 하는가?

　사람들은 자기가 경험한 것이 가장 옳다고 착각하며 살아갈 때가 많다. 기도에 있어서도 마찬가지다. 아마 성도들에게 어떻게 기도하는지 물어보면 이야기가 천차만별일 것이다. 어떤 사람은 통성기도를 해야만 기도한 것 같다고 말할 것이다. 반대로 통성으로 기도하면 옆 사람의 기도 소리 때문에 방해된다는 사람도 있을 것이다. 또 어떤 사람은 방언 기도를 크게 하면 영적으로 뚫리는 느낌을 받는다고 말할 것이고, 반대로 방언 기도 때문에 자기 기도가 위축된다고 말하는 사람도 있을 것이다.
　일반적으로 기도를 크게 하는 것이 더 신앙적이라고 생각하는 경향이 있다. 왜냐하면 큰 소리로 기도하는 사람에 비해 조용히 기도하는 사람의 경우 자신의 기도 생활에 문제가 있는 것처럼 여기곤 하기 때문이다. "목사님, 어떻게 하면 큰 소리로 기도할 수 있나요?"라는 질문은 자주 받지만, "목사님, 어떻게 하면 조용히 기도할 수 있나요?"라는 질문은 거의 받지 않는 것만 봐도 알 수 있다. 그만큼 교회에서는 큰 소리로 통성기도를 해야 한다는 이미지가 강하게 박혀 있다.

언젠가 미국에 갔을 때 한 목사님이 "이 시간에는 한국식으로 기도하겠습니다" 하고 말씀하신 뒤 기도회를 인도하시는 모습을 본 적이 있다. '한국식 기도'란 바로 통성기도였다. 즉 미국 교회는 통성으로 기도하는 것을 특별하게 생각하고 있다.

통성기도는 한국 교회 초창기 평양 대부흥 운동이 일어났을 때 성도들이 함께 모여 큰 소리로 기도했던 것이 그 유래라고 보는 견해가 많다.

사실 이때 통성기도는 회개 운동과 연결되어 있었다. 다시 말해, 큰 소리로 기도하려는 의도에서 시작된 것이 아니라 성도들의 마음에 회개하고자 하는 마음이 생기자 자연스럽게 소리 내어 자신의 죄를 쏟아놓고 자복하게 된 것이다.

당시만 해도 예배를 매우 엄숙하게 드렸기 때문에 소리를 지르며 기도하는 것을 부정적으로 보는 시각이 있었다. 그때 길선주 목사님이 성도들이 회개하려는 것을 어떻게 막느냐며 그대로 두셨다는 일화가 전해지기도 한다. 당시는 "기도합시다"라는 말로 기도회가 시작되면 예배당 안이 회개의 소리로 가득했다고 한다.

그때는 통성기도라는 용어조차 없었다. 아마도 그들은 초대교회의 오순절 성령 강림과 같은 현장으로 이해했을 것이다. 성령 강림 사건도, 평양 대부흥 운동도 인위적인 의도를 가지고 만들어진 작품이 아니다. 지극히 자연스럽고 강렬한 하나님의 역사하심이었다.

신앙의 선배들로부터 흘러내려 온 통성기도가 한국 교회에 좋은 영향력을 미친 것은 사실이다. 하지만 단지 큰 소리로 기도하는 것을 통성기도라고 한다면 점검이 필요하다. 교회 내에 뜨거운 분위기를 만들기 위한 의도가 끼어들었을 위험성도 있고, 무조건 통성으로 기도해야 한다는 편견을 갖게 할 수도 있다. 기도가 마치 기계적으로 큰 소리를 내서 해야 하는 것으로 이해되어 습관처럼 통성기도를 하게 하는 문제가 발생할 수도 있다.

통성기도의 근거로 "부르짖으라"라는 성경 말씀을 제시할지도 모르겠다. 하지만 1장에서 살펴본 바와 같이 그 말씀의 의미는 큰 소리로 기도하라는 것과는 거리가 있다. 오히려 통성기도에 대해 반론을 제기하는 사람들의 이야기가 성경적으로 더욱 설득력 있게 들린다. 왜냐하면 마태복음 6장 5-6절에서 예수님이 잘못된 기도를 지적하실 때 '큰 소리로 기도하는 것'을 말씀하셨기 때문이다.

"또 너희는 기도할 때에 외식하는 자와 같이 하지 말라 그들은 사람에게 보이려고 회당과 큰 거리 어귀에 서서 기도하기를 좋아하느니라 내가 진실로 너희에게 이르노니 그들은 자기 상을 이미 받았느니라 너는 기도할 때에 네 골방에 들어가 문을 닫고 은밀한 중에 계신 네 아버지께 기도하라 은밀한 중에 보시는 네 아버지께서 갚으시리라"(마 6:5-6).

"나는 왜 큰 소리로 기도하는가?"라고 자문함으로 자신의 기도 생활을 점검할 필요가 있다.

대표 기도를 잘해야 하는가?

교구를 담당하다 보면 이사로 인해 교회를 옮긴 성도들을 만나게 된다. 등록 심방을 가서 만나 보면 이미 오랫동안 신앙생활을 해온 분인데도 소그룹 모임에 가는 것을 꺼려 하곤 한다. 가장 큰 이유는 기도와 관련이 있다. 오랫동안 신앙생활을 하기는 했지만, 기도를 잘 못하기 때문에 소그룹에서 함께 통성으로 기도하거나 대표 기도를 하는 것이 너무 부담이 된다는 것이다.

무엇이 우리로 하여금 기도를 부담으로 여기도록 만들고 있는가? 기도를 잘한다는 것은 과연 무엇일까?

  우리는 본능적으로 외적으로 드러나는 모습으로 판단하는 존재다. 청산유수 같은 말솜씨로 기도를 하거나 많은 사람들 앞에서 당당하게 대표 기도를 하는 사람이 기도를 잘한다고 생각할 수 있다. 또한 교회에서 기도할 때 자주 쓰는 단어들을 잘 조합해서 나열하고 여러 가지 종교적 미사여구를 사용하면 기도를 잘하는 것처럼 들릴 수 있다.

  물론 기도를 많이 하는 사람이 대표 기도를 좀 더 잘할 수는 있다. 그러나 기도는 외적인 모습으로 판단할 수 있는 것이 아님을 명심해야 한다. 외적인 기도의 모습을 강조하다 잘못하면 예수님이 우리에게 권면하신 '골방의 기도'를 놓칠 수 있다. 골방의 기도는 은밀한 기도다. 사람들의 시선을 피해 홀로 있을 때 드리는 기도다. 기도의 내용과 외적인 모습에 주목하는 많은 사람들로부터 숨어들어 드리는 기도. 오직 하나님과 깊이 교제하기 위한 기도다.

  예수님은 제자들에게 기도를 가르쳐 주실 때 기도하는 방법이나 기술을 알려 주시지 않았다. 오히려 기도하는 사람의 중심과 관련된 가르침을 주셨다. 종교인들처럼 사람들에게 보이려고 기도하지 말고, 기도할 때 말을 많이 해야 한다고 착각하지 말라고 하셨다. 이방인들처럼 이 땅에서 살아갈 때 필요한 것들을 얻지 못할까 봐 염려하며 기도하지 말라고 하셨다.

여기서 주기도문에 대한 내용을 다 다룰 수는 없다. 한마디로 요약하자면, 예수님은 우리에게 좀 더 수준 높은 기도를 요구하셨다. 이 땅에 시선을 고정하지 말고 '하나님 나라'라는 큰 그림 안에서 기도하라는 말씀이다. 하나님의 자녀다운 기도를 하라는 것이다. 먼저 하나님의 나라와 의를 구하는 사람의 인생은 하나님이 책임져 주신다는 약속을 붙잡고 기도하라는 것이다. 그렇게 기도하는 사람이 기도를 잘하는 사람이라고 말씀하신 것이다.

주기도문과 큰 소리로 기도하는 것은 서로 연관성이 없으며, 청산유수 같은 말솜씨도 기도를 잘하는 것과 무관하다.

방언으로 기도해야 하는가?

금요 기도회와 같은 공예배 시간에 본당에서 기도를 하다 보면 방언으로 기도하는 성도들 때문에 힘들어하는 분들이 간혹 있다. 옆 사람이 방언 기도를 너무 크게 하는 바람에 기도에 집중하지 못했다는 것이다. 어떤 성도들은 방언 기도를 하는 사람이 기도를 더 잘하는 사람인 양 오해하기도 한다. 방언으로 크게 기도하든 말든 무슨 상관이냐며 막무가내인 성도들도 있다. 성경에 방언이 나오고 하나님이 주신 선물이니까 당연히 열심히 기도해야 하지 않느냐는 주장이다.

그런데 이것은 하나만 알고 둘은 모르는 말이다. 방언은 하나님이 주신 선물로서 영적 은사다. 은사는 내가 잘나서 받는 것이 아니다. 하나님의 은혜로 주어지는 것이다. 하나님이 주신 은사를 받은 사람들은 겸손과 절제하는 태도를 늘 동반해야 한다. 교회의 질서에 순종하는 자세도 필요하다. 내가 잘나서 받은 것처럼 행동해서는 안 된다.

사도 바울은 고린도교회를 향해 일침을 가했다. 고린도교회는 하나님의 은혜를 많이 받은 교회였다. 많은 영적 은사가 나타난 교회였다. 고린도전서 14장은 사도 바울이 은사에 대해 정리해 놓은 성경이다. 그 내용은 이렇다.

첫째, 방언만으로 교회 곳곳에서 기도하면 믿지 않는 사람들이 미쳤다고 할 수 있으니 조심하라(23절). 둘째, 통역하는 사람이 없이 방언을 말하면 교회에 덕이 안 된다(2절). 셋째, 방언을 통역하는 사람이 없다면 교회에서는 잠잠하고 혼자 방언으로 하나님 앞에 나아가라(28절). 넷째, 은사를 사용할 때는 품위 있게 하고 질서 있게 하라(39-40절).

사람에게 보이기 위해 큰 소리로 기도하거나, 혹은 자신의 은사를 자랑하고 싶은 마음에 드러내어 기도하는 사람에게는 결정적인 약점이 있다. 즉 그는 자신의 내면의 성숙에는 전혀 관심이 없다. 고린도전서 14장 14-15절은 이렇게 말한다.

"내가 만일 방언으로 기도하면 나의 영이 기도하거니와 나의 마음은 열매를 맺지 못하리라 그러면 어떻게 할까 내가 영으로 기도하고 또 마음으로 기도하며 내가 영으로 찬송하고 또 마음으로 찬송하리라"

(고전 14:14-15).

신앙은 그 마음에 열매를 맺는 일이 중요하다는 말씀이다. 영으로 기도하는 방언을 무조건 금하지는 않지만 그것이 마음에 열매를 맺도록, 즉 신앙의 성숙을 방해하지 않도록 균형 있게 하라는 권면이다.

우리는 쉬운 것을 좋아한다. 힘들고 어렵게 장애물을 넘어가는 것을 싫어한다. 은사는 선물이고 자신이 노력하지 않아도 쉽게 되는 것이다. 방언을 하면 굳이 고민하지 않아도 알아서 기도가 된다. 그것을 기도가 잘되는 것으로 착각해서는 안 된다.

예수님은 우리에게 "골방으로 들어가 은밀한 중에 보시는 하나님 앞으로 나아가라"라고 말씀하셨다. 사실 그 시간은 우리에게 인내를 요구한다. 하지만 우리에게 필요하기 때문에 하나님이 요구하시는 것이다. 자신의 내면을 하나님 앞에 정직하게 비추는 훈련을 하지 않으면 우리의 기도는 죽은 기도가 된다. 자신의 기도 제목이 과연 하나님의 뜻에 합당한지를 살피는 시간을 갖지 않으면 우리는 얄팍한 신앙인이 되고 만다.

부르짖음은 자연스러운 것이다

큰 소리로 하는 통성기도나 대표 기도, 그리고 방언 기도의 특징을 한마디로 말하면, '남들에게 드러나는 기도'라고 할 수 있다. 기도는 남들보다 소리를 크게 해야 하고, 남들이 들을 때 논리적이어야 하며, 남들과 달리 신비한 언어로 해야 하는 것은 아니다. 그래야 기도를 잘한다는 생각은 심각한 오해다. 다시 말해, '기도를 잘한다'라는 평가의 기준을 남들과의 비교에 둔 것이다. 그러다 보니 부자연스럽고 억지스럽게 기도하는 오류가 발생한다.

조용한 새벽에 많은 성도들이 개인적으로 기도할 때는 가능하면 조용하고 은밀하게 기도하는 것이 좋다. 굳이 큰 소리로 기도할 필요가 없다. 옆에 앉은 성도가 다 알아들을 수 있을 정도로 자신의 기도 내용을 논리적으로 또박또박 말할 필요도 없다. 남들과 차별성을 갖기 위해 방언으로 기도해야 하는 것도 아니다.

그렇다면 큰 소리로 기도하는 것이 잘못이라는 말인가? 결론부터 말하면 그렇지 않다. 왜냐하면 부르짖어야 할 때가 있기 때문이다. 성경을 보면 소리 내어 기도한 장면들이 등장한다. 그때의 공통점은 공동체가 함께 모여 드리는 합심 기도였고, 민족의 위기나 개인의 환난과 같은 절박함 속에서의 기도였다는 점이다. 공동체가 함께 기도하는 내용은 공개되어도 상관이 없다.

예를 들어, 외적이 침입해 오는 상황에서는 모든 백성이 한마음으로 하나님께 구원해 달라고 외칠 수 있다. 모든 사람이 같은 마음으로 같은 기도를 하기 때문이다. 이것은 자연스러운 모습이다. "우리나라를 살려 주옵소서!"라는 간구를 조용하고 은밀하게 하는 것은 오히려 어색하다. 굳이 은밀하게 기도할 필요가 없다. 그때는 마음을 모아 큰 소리로 부르짖는 기도가 더욱 자연스럽다.

절박함도 마찬가지다. 예를 들어, 내 가족이 불치병에 걸렸다면, 그 상황에서 조용하고 은밀하게 기도하는 사람은 없을 것이다. 사방팔방 돌아다니며 이 사람 저 사람에게 중보 기도를 요청하고, 모여서 기도할 때마다 큰 소리로 "치유해 주옵소서!" 하고 간구할 것이다. 철야 기도회에 와서 부르짖어 기도할 것이다. 이것은 자연스러운 것이다. 큰 소리로 기도하는 것은 인위적으로 만들어 내는 것이 아니다. 기도하는 분위기를 만들어서 이끌어 내는 것이 아니다. 통성기도는 '합심'과 '절박함'이 만들어 내는 자연스러운 기도의 형태인 것이다.

우리는 기도를 하나님과 자기 자신이라는 개인적인 관점에서만 바라볼 때가 많다. 물론 마태복음 6장 5절은 "또 너희는 기도할 때에"라고 하면서 개인적인 기도에 대해 분명하게 말하고 있다. 이때의 기도는 골방에 들어가 은밀히 기도하는 것에 강조점이 있다. 개인적으로 드리는 일상의 기도는 큰 소리로 부르짖을 필요가 없다.

오히려 골방 속 은밀한 중에 이루어지는 하나님과의 친밀함에 초점을 맞추어야 한다.

그러나 공동체의 기도는 은밀하거나 비밀스럽지 않다. 모두가 알고 있는 상황 속에서 함께 기도하는 것이기 때문이다. 공동체가 모여 기도하기 때문에 소리가 커질 수밖에 없다. 그것이 더 자연스러운 것이다.

주기도문은 "하늘에 계신 우리 아버지"로 시작하는 공동체적인 기도다. 예수님은 공동체가 함께 기도하는 것을 중요시하셨기에 주기도문을 '우리'라는 주어로 가르쳐 주셨다. 공동체가 드리는 기도는 모든 성도가 함께 하는 신앙 고백이며 공적으로 선포하는 기도다. 그렇기 때문에 공동체가 함께 하는 기도는 소리를 내어 기도하는 통성기도라고 할 수 있다.

부르짖을 때의 기도 1. 위기를 만난 공동체

성경에는 소리를 내어 부르짖는 기도의 모습이 자주 등장한다. 구약시대에 이루어진 대표적인 공동체의 기도는 출애굽 당시 이스라엘 백성의 기도다. 뒤에는 애굽 군대가 공격해 오고, 앞에는 도저히 건널 수 없는 홍해가 놓여 있었다. 이스라엘 백성은 두려움에 휩싸였다. 그 순간 이스라엘 백성의 기도 제목은 한 가지로 집중되었다. "살려 주옵소서!"

살려 달라는 기도를 은밀히 하는 사람은 아무도 없을 것이다. 살려 달라는 기도는 부르짖는 것이 자연스럽다.

"바로가 가까이 올 때에 이스라엘 자손이 눈을 들어 본즉 애굽 사람들이 자기들 뒤에 이른지라 이스라엘 자손이 심히 두려워하여 여호와께 부르짖고"(출 14:10).

이외에도 이스라엘 백성이 외적의 침입이라는 위기에 놓였을 때와 민족이 멸망할 위기 속에서 한 가지 기도 제목에 집중해 합심으로 부르짖어 기도한 모습을 볼 수 있다.

"여호와께서 그들을 위하여 사사들을 세우실 때에는 그 사사와 함께 하셨고 그 사사가 사는 날 동안에는 여호와께서 그들을 대적의 손에서 구원하셨으니 이는 그들이 대적에게 압박과 괴롭게 함을 받아 슬피 부르짖으므로 여호와께서 뜻을 돌이키셨음이거늘"(삿 2:18).
"왕의 명령과 조서가 각 지방에 이르매 유다인이 크게 애통하여 금식하며 울며 부르짖고 굵은 베옷을 입고 재에 누운 자가 무수하더라"(에 4:3).

신약성경에도 공동체가 위기 속에서 부르짖은 장면이 등장한다.

"그들이 듣고 한마음으로 하나님께 소리를 높여 이르되 대주재여 천지와 바다와 그 가운데 만물을 지은 이시요……하나님의 권능과 뜻대로 이루려고 예정하신 그것을 행하려고 이 성에 모였나이다 주여 이제도 그들의 위협함을 굽어보시옵고 또 종들로 하여금 담대히 하나님의 말씀을 전하게 하여 주시오며……빌기를 다하매 모인 곳이 진동하더니 무리가 다 성령이 충만하여 담대히 하나님의 말씀을 전하니라"

(행 4:24-31).

초대교회 성도들이 소리를 높여 한마음으로 기도한 내용은 두 가지였다. 첫째는 복음을 전하게 해달라는 것이고, 둘째는 복음을 전하면서 만날 수 있는 위협으로부터 보호해 달라는 것이었다. 당시는 복음 전도로 인한 핍박이 극심했다. 때로는 죽음도 불사해야 했다. 죽음의 위협 속에서 그들의 기도는 부르짖음으로 표출될 수밖에 없었다. 이것은 자연스러운 부르짖음이다.

부르짖을 때의 기도 2. 위기를 만난 개인

부르짖는 기도가 공동체에만 국한된 것은 아니다. 개인도 소리를 내어 기도할 수 있다. 언제 큰 소리로 기도하게 되는가? '절박함'이 있을 때다. 절박함은 참을 수 있는 것이 아니다. 예를 들어,

한나는 자녀가 없어 괴로워했고 임신하고자 하는 간절함이 있었다. 그 간절함이 통곡으로 표현된 것은 자연스러운 현상이다.

"한나가 마음이 괴로워서 여호와께 기도하고 통곡하며" (삼상 1:10).

다윗은 많은 고난을 당했다. 사울 왕이 죽이려고 쫓아다니는 위험을 피해 다녔다. 수년 동안 목숨의 위협을 받으며 이곳저곳 떠돌아다니는 상황을 상상해 보라. 하나님께 부르짖지 않는 것이 더 이상하지 않겠는가?

"내가 환난 중에서 여호와께 아뢰며 나의 하나님께 부르짖었더니 그가 그의 성전에서 내 소리를 들으심이여 그의 앞에서 나의 부르짖음이 그의 귀에 들렸도다" (시 18:6).

신약시대에 예수님께 가까이 나아온 사람들 중에 질병으로 고통받던 자들은 그 병으로부터 자유로워지기 위해서 소리를 지르는 것을 주저하지 않았다. 베드로는 물에 빠질 것 같은 두려움 속에서 소리를 지르면서 구원을 요청했다. 이것은 자연스러운 반응이다.

"예수께서 거기에서 떠나가실새 두 맹인이 따라오며 소리 질러 이르되 다윗의 자손이여 우리를 불쌍히 여기소서 하더니"(마 9:27).

"바람을 보고 무서워 빠져 가는지라 소리 질러 이르되 주여 나를 구원하소서 하니"(마 14:30).

다윗은 자신의 죄를 깨달았을 때 하나님 앞에 조용히 있을 수가 없었다. 종일 입에서 신음이 새어 나왔다. 죄를 깨달은 이스라엘 백성은 마음에 찔림이 강렬해 "우리가 어찌해야 합니까?"라는 공개적인 고백을 내뱉을 수밖에 없었다. 이것이 자연스러운 기도다.

"내가 입을 열지 아니할 때에 종일 신음하므로 내 뼈가 쇠하였도다"(시 32:3).

"그들이 이 말을 듣고 마음에 찔려 베드로와 다른 사도들에게 물어 이르되 형제들아 우리가 어찌할꼬 하거늘"(행 2:37).

진정한 부르짖음을 회복하라

우리는 무엇을 위해 부르짖고 있는지 면밀하게 살펴봐야 한다. 큰 소리로 기도하면 하나님이 더 잘 들으시는가? 큰 소리로 기도하면 하나님이 신앙이 더 좋다고 평가하시는가? 큰 소리로 기도하면 사람들이 기도를 잘하는 사람이라고 칭찬해 주는가? 이것이야말로 가장 억지스럽고 부자연스러우며, 예수님이 그토록 싫어하신 바리새인들의 기도다.

우리가 다시 추구해야 하는 기도가 있다면 그것은 부르짖음이 자연스러운 기도다. 이를 위해서는 공동의 기도에 대한 훈련이 필요하다.

그렇다면 일심으로 나아가는 기도란 무엇일까? '하나님 나라'라는 큰 그림 안에서 '먼저 그의 나라와 그의 의'를 구하는 기도를 회복하는 것이다. 이것이 교회 공동체 안에서 절박한 기도가 되어야 한다. 이를 위해 기도하는 사람이 많아지면 이내 큰 목소리가 되어 하늘을 뚫을 듯한 기도가 될 것이다.

그러나 우리의 현실은 어떠한가? 그저 내 행복과 내 성공과 내 물질과 내 자녀를 위한 부르짖음만 울려 퍼지고 있지 않은가? 더 크게 기도하면 더 행복해질 것이라고 생각하지 않는가? 그렇게 해서는 안 된다. 자신을 위한 부르짖음을 뛰어넘어 공동체의 기도를 회복해야 한다. 이것이야말로 진짜 부르짖는 기도를 회복할 수 있는 유일한 길이다.

기도를 하지 않는 것이 왜 하나님 앞에서 죄가 되는 것일까? 기도는 내가 원하는 것을 얻어 내기 위한 이기적인 장치가 아니다. 기도는 하나님을 진정한 왕으로 섬기는 사람들이 자신의 전 인생을 하나님께 맡긴다는 믿음의 표식이다. 하나님이 그에 대한 응답으로 우리를 인도해 가시는 것이다. 하나님을 왕으로 인정하는 사람이 기도를 하지 않는다면 그것이야말로 이율배반적인 행동이라고 할 수 있다.

3장
기도를 멈추는 것은 죄다

왜 나에게 이런 일이?

 교회에서 선포되는 설교 중에서 가장 많은 주제는 아마도 '고난'일 것이다. 우리 인생에 있어서 고난은 참 해결하기 어려운 숙제라는 반증이기도 하다. 닉 부이치치는 태어나면서부터 손발이 없었다. 이런 일이 내게, 혹은 내 자녀에게 일어난다는 것은 상상하기도 힘들다. 그래서 우리는 고난이 나만은 꼭 피해 가기를 기도한다. 그러나 그 기도는 일평생 이루어질 수 없다. 신앙생활을 하든 안 하든 이 땅에 발을 딛고 사는 한 고난을 피할 수 있는 방법이란 없기 때문이다.

 반면에 좋은 소식도 있다. 고난을 피할 수는 없지만 고난을 다룰 수는 있다. 고난을 해석하는 힘이 충분한 사람은 고난을 다룰 줄 안다. 신앙은 결국 해석이다. 똑같은 상황에서도 다른 반응을 보이는 이유는 해석하는 능력이 다르기 때문이다.

그리스도인들 중에 수많은 사람들이 우울증에 빠져 허덕이고 있다. 자신에게 닥친 고난을 성경적으로 해석하는 힘이 부족하기 때문이다. 그들은 하루 종일 "왜 나에게 이런 고난이 찾아왔을까?"라는 말만 되풀이한다.

우리는 일반적으로 고난을 죄와 연결시킨다. 성경을 보면 이스라엘 백성의 불순종으로 말미암아 고난이 왔기 때문에 일면 타당한 생각이다. 그런데 이런 생각이 욥에게는 해당되지 않는다. 하나님께 세상에서 가장 의롭다고 칭찬받은 인물이 욥이기 때문이다. 그렇게 죄를 짓지 않고 의롭게 살고자 애를 썼지만 그에게는 엄청난 고난이 찾아왔다.

욥의 고난은 사실 죄의 문제나 사탄의 집요한 공격 때문에 주어진 것이 아니었다. 하나님이 욥의 의로움을 증명하시기 위해 고난을 허락하신 것이었다. 아무리 많은 어려움을 주어도 욥은 끄떡없을 테니 한번 시험해 보라고 사탄에게 그를 내어 주신 것이다. 그렇다면 고난을 피하기 위해서라면 욥과 같이 너무 의롭게만 살아서도 안 된다는 것인가?

죄를 지으면 죄 때문에 고난이 올까 전전긍긍하고, 또 의롭게 살면 의로움을 증명하기 위해 고난을 당해야 한다는 뜻으로 받아들

여진다. 고난을 피하고 싶은 우리 입장에서는 혼란스러울 수밖에 없다.

약할 때 강함이 되시는 하나님

예수님은 이처럼 혼란스러운 고난의 문제를 우리가 잘 이해할 수 있도록 설명해 주셨다. 요한복음 9장에는 태어나면서부터 맹인인 사람이 등장한다. 많은 사람들이 "그가 왜 맹인으로 이 땅에 태어났을까?" 하고 의문을 가졌다. 그들은 고난을 죄의 문제와 연결시켜서 누구의 죄 때문에 그가 장애를 가지고 태어난 것인지 궁금해했다. 이때 예수님은 전혀 예상하지 못했던 놀라운 해석을 하셨다.

유진 피터슨의 『메시지 성경』은 요한복음 9장 3절을 이렇게 번역하고 있다.

"너희들의 질문 자체가 잘못되었다. 너희는 그저 저 사람을 비난하려고만 한다(혹은 죄의 문제로 연결하려고 한다). 나면서 맹인이 된 것은 이 땅의 법칙, 즉 인과관계와는 아무 상관이 없다(죄를 지었기 때문이 아니다). 다만 하나님이 무슨 일을 하실지를 지켜보라"(Jesus said, "You're asking the wrong question. You're looking for someone to blame. There is no such cause-effect here. Look instead for what God can do, 요 9:3, 메시지성경).

NLT 성경을 보면 그 의미가 더욱 분명하다.

"He is blind so that God's power might be seen at work in him"(그는 맹인이다. 그렇기 때문에 하나님의 능력이 그 사람에게 역사할 것을 보게 될 것이다, 요 9:3, 저자 번역).

고난은 우리 수준에서 생각하는 인과관계로는 해석할 수 없다는 것이다. 여기서 예수님이 우리에게 분명하게 알려 주신 사실이 하나 있다. 그것은 고난을 통해서 하나님의 일하심을 보게 된다는 것이다.

고난은 하나님의 능력을 경험할 수 있는 기회다. 우리는 고난이 올 때 우리가 가장 약해진다고 오해하지만, 오히려 그 순간 하나님의 강하심을 경험하게 된다. 그러므로 우리는 하나님이 어떻게 일하실지 기대해야 한다. 하나님께 영광 돌릴 준비를 해야 한다. 이것이 이 땅에서 고난을 당할 때 우리가 취해야 할 자세라고 예수님이 알려 주신 내용이다.

요한복음 9장 끝부분을 보면, 예수님의 말씀대로 맹인은 결국 하나님이 치유해 주심으로 눈을 뜨게 되었고 하나님께 영광을 돌렸다.

"예수께서 그들이 그 사람을 쫓아냈다 하는 말을 들으셨더니 그를 만나사 이르시되 네가 인자를 믿느냐 대답하여 이르되 주여 그가 누구시오니이까 내가 믿고자 하나이다 예수께서 이르시되 네가 그를 보았거니와 지금 너와 말하는 자가 그이니라 이르되 주여 내가 믿나이다 하고 절하는지라"(요 9:35-38).

고난은 그 이유를 알아내서 적절하게 피하는 데 목적이 있는 것이 아니다. 하나님은 우리가 고난을 통해 하나님의 능력을 경험하기 원하신다. 이것이 고난의 진정한 목적이다.

부르짖기 싫어하는 이스라엘

사무엘상 12장의 시대적 배경은 사무엘이 지도자로 활동하던 사사 시대다. 사사는 왕과는 개념이 다르다. 왕은 지속적으로 백성들 가운데 지도자로 존재하는 자다. 평안할 때나 위기의 때나 항상 자리를 지킨다. 그러나 사사는 자신의 사명이 끝나면 바로 사라진다. 위기의 때에만 나타나는 존재다.

하나님은 이스라엘 백성이 하나님을 잊고 불순종할 때, 주변의 강대국들을 사용하셔서 이스라엘에 전쟁을 일으키셨다. 전쟁이 일어나면 이스라엘 백성은 그제야 비로소 하나님을 부르짖어 찾기 시작했다. 그리고 그들의 부르짖음을 들으신 하나님은 이스라엘 백성에게 사사를 보내셔서 전쟁에서 이기게 하셨다. 이것이 사사 시대의 순환 패턴이다.

물론 사사 시대뿐만 아니라 하나님이 사람을 다루시고 인도하시는 방법은 어느 시대나 유사하다.

"야곱이 애굽에 들어간 후 너희 조상들이 여호와께 부르짖으매 여호와께서 모세와 아론을 보내사 그 두 사람으로 너희 조상들을 애굽에서 인도해 내어 이곳에 살게 하셨으나 그들이 그들의 하나님 여호와를 잊은지라 여호와께서 그들을 하솔 군사령관 시스라의 손과 블레셋 사람들의 손과 모압 왕의 손에 넘기셨더니 그들이 저희를 치매 백성이 여호와께 부르짖어 이르되 우리가 여호와를 버리고 바알들과 아스다롯을 섬김으로 범죄하였나이다 그러하오나 이제 우리를 원수들의 손에서 건져 내소서 그리하시면 우리가 주를 섬기겠나이다 하매 여호와께서 여룹바알과 베단과 입다와 나 사무엘을 보내사 너희를 너희 사방 원수의 손에서 건져 내사 너희에게 안전하게 살게 하셨거늘"(삼상 12:8-11).

이스라엘 백성은 애굽에서 하나님을 잊고 종살이하던 고난의 때에도 부르짖음을 통해 위기를 극복했다. 하지만 그들은 곧 하나님을 잊어버렸다. 하나님은 그런 이스라엘 백성에게 다시 전쟁을 통해 고난을 허락하셨다. 그러자 그들은 다시 하나님께 부르짖었고, 하나님은 사사들을 통해 전쟁에서 이기게 하셨다. 이스라엘 백성은 불순종했지만 그래도 위기를 만나면 여호와 하나님을 가장 먼저 떠올렸다. 그들은 여호와의 이름을 부르며 "주여, 우리를 구원하소서!" 하고 간절히 기도했다. 하나님만이 구원자이심을 고백했다.

그런데 이제 상황이 달라졌다. 전쟁이 일어나자 하나님의 이름을 부르며 기도하는 것이 아니라 엉뚱한 생각을 했다.

"너희가 암몬 자손의 왕 나하스가 너희를 치러 옴을 보고 너희의 하나님 여호와께서는 너희의 왕이 되심에도 불구하고 너희가 내게 이르기를 아니라 우리를 다스릴 왕이 있어야 하겠다 하였도다"(삼상 12:12).

이스라엘 백성은 하나님만이 진정한 왕이신데 또 다른 왕을 구했다. 왜 그랬을까? 이유는 간단하다. 하나님에 대한 불신 때문이다. '지난번까지는 하나님이 사사를 통해 우리를 구해 주셨지만, 이번에도 구해 주실까?' 하는 불신이다. 염려와 걱정이다. 불안감이 싫은 것이다. 하나님은 보이지 않는 영으로 존재하시니 볼 수가 없고, 지금 당장 전쟁에 나설 사사도 보이지가 않으니 불안했던 것이다. 자신들도 주변 나라들처럼 이민족이 두려워할 만한 막강한 왕이 필요하다고 생각했다.

우리도 고난 중에 기도할 때 이런 마음이 들 때가 있다. 빨리 응답을 주셔서 다시는 이런 기도의 자리에 나오지 않게 해달라는 듯이 기도한다.

"주여, 경제적인 어려움만 없애 주시면 이렇게 기도하러 나올 일도 없을 텐데요."

기도하는 것도 귀찮고, 고난이 올까 봐 불안한 마음도 싫다는 것이다. 그저 빨리 해결해 주시고 다시는 고난이 오지 않게 조치해 달라고 떼를 쓴다. 혹시 우리의 모습은 아닌가?

부르짖음이 사라지면 나타나는 우상

왕이라는 개념은 우리에게 조금 낯설다. 대통령과는 다른 개념이다. 당시 왕은 절대 권력을 가진 통치자였다. 말 한마디가 곧 법일 정도로 막강한 권력을 가진 존재였다.

그런데 문제는 인간 왕은 완벽하지 못하다는 데 있다. 지금도 그렇지만 성경의 역사를 보면 백성들을 위해 헌신한 지도자는 많지 않았다. 오히려 권력과 명예욕으로 자신의 사리사욕을 채운 사람들이 더 많았다. 진짜 왕이신 하나님을 떠난 악한 왕이 훨씬 더 많았다. 그래서 하나님은 인간 왕을 가리켜 '헛된 것'이라고 말씀하셨다.

"돌아서서 유익하게도 못하며 구원하지도 못하는 헛된 것을 따르지 말라 그들은 헛되니라"(삼상 12:21).

성경은 인간이 불안해서 잘못된 위안을 얻으려고 만든 '헛된 것'을 가리켜 '우상'이라고 말한다. 우상은 인간이 스스로의 손으로 만든 신이다. 그러므로 사실 우상은 인간에게 속한 것이다. 스스로 만든 우상에게 자신의 인생을 맡기는 우스꽝스러운 모순에 빠진 것이다.

왕도 마찬가지 형국이다. 왕을 요구하고 세운 것은 결국 사람이다. 왕은 신이 아니다. 한낱 인간일 뿐이다. 그럼에도 그 왕을 신처럼 생각하고 그 존재로부터 위안을 얻으려 한다면 왕이 곧 우상이 되는 것이다. 그것을 아시는 하나님이 "인간 왕은 너희를 유익하게도 못하고, 구원할 수도 없는 우상과 같은 존재다. 그를 의지하지 말라"라고 말씀하신 것이다.

사무엘상 12장 13절은 "이제 너희가 구한 왕, 너희가 택한 왕을 보라 여호와께서 너희 위에 왕을 세우셨느니라"라고 말한다. 왕을 어디에 세우셨는가? 바로 '너희 위에'다.

하나님은 우리 한 사람 한 사람과 바로 연결되어 진짜 왕으로 통치하기를 원하신다. 그런데 이제는 이스라엘 백성 위에 직접적으로 하나님이 계신 것이 아니라 인간 왕이라는 새로운 존재가 놓이게 되었다.

이것은 너무나도 불안한 구조다. 우리는 하나님의 직접적인 통치를 받을 때 가장 안정감을 누리도록 창조되었다. 그런데 이제는 하나님과 우리가 직접 연결되지 못하도록 방해하는 존재가 끼어든 것이다. 우리는 전쟁과 같은 고난이 우리를 불안하게 만든다고 착각한다. 하지만 두려움의 실체는 하나님과 연결되어 있지 못함으로 인한 불안함이다. 그러므로 인간 왕이 세워지면 더 안심이 될 것 같지만 실상을 살펴보면 불완전한 왕은 하나님을 대신할 수 없는 너무나도 초라한 존재에 불과하다. 오직 하나님만이 우리의 완전한 구원자가 되신다.

우리 역시 불안한 마음에 하나님 외의 것을 의지하거나 바라지는 않는가? 부지불식간에 하나님 말고 붙잡는 것이 있지 않은가? 하나님이 아닌 것을 하나님보다 더 의지하면 그것이 바로 우상이다. 고난의 순간에 여호와를 부르며 기도하지 않고 다른 수단을 먼저 찾고 있다면 그것이 바로 우상이다. 부르짖고 기도하지 않으면 바로 그 순간부터 우리의 우상들이 하나님의 자리를 대신하게 된다.

그래서 하나님이 왕들을 세우실 때 꼭 당부하신 말씀이 있다. "마병을 많이 두지 말라"라는 것이다. 마병을 많이 두면 군사력이 강해져서 마치 자기가 진짜 왕인 줄 착각하게 될 것이기 때문이다. 하나님이 아니라 군사력을 의지하게 되고, 직접 연결되어야 하는 하나님과 왕 사이가 단절되며, 하나님 자리에 군사력이 끼어들게 된다. 군사력이 강해질수록 그것은 왕의 우상이 되어 버린다. 그리고 왕은 더 이상 하나님을 찾지 않게 된다.

이것은 이스라엘의 초대 왕 사울에게도 예외는 아니었다. 그는 처음에 왕이 되었을 때는 겸손했지만, 시간이 지나면서 결국 스스로가 강한 왕인 줄로 착각하고 말았다. 그리고 계속 자신을 강하게 만드는 일을 반복했다.

"사울이 사는 날 동안에 블레셋 사람과 큰 싸움이 있었으므로 사울이 힘센 사람이나 용감한 사람을 보면 그들을 불러 모았더라"(삼상 14:52).

'전쟁을 치르기 위해서 싸움을 잘하는 사람을 모았는데 무엇이 잘못인가?' 하고 의문을 가질지도 모르겠다. 그러나 사울 왕은 자기를 강하게 만들어 가면서 결국 자기가 진짜 왕인 줄로 착각하기 시작했다. 그리고 이내 진정한 왕이신 하나님을 의지하지 않게 되었다. 그는 계속해서 하나님의 뜻과는 반대되는 잘못된 판단과 행동을 했고, 마침내 하나님으로부터 버림을 받았다. 스스로의 강함이 하나님을 대적하는 우상이 된 결과다.

다윗 왕이 하나님의 마음에 맞는 왕으로 설 수 있었던 것은 그가 완벽했기 때문이 아니다. 다윗도 사울과 같이 범죄를 저질렀다. 간음도 했고, 살인죄도 지었다. 그런데 다윗은 죄를 지적받았을 때 바로 엎드려 회개했다. 시편 51편 10-11절에는 다윗이 간절히 기도하며 주의 이름을 부른 내용이 기록되어 있다.

"하나님이여 내 속에 정한 마음을 창조하시고 내 안에 정직한 영을 새롭게 하소서 나를 주 앞에서 쫓아내지 마시며 주의 성령을 내게서 거두지 마소서"(시 51:10-11).

다윗은 진정한 왕이 누구신지 알았다. 하나님의 영이 떠나시면 자신은 그저 아무 능력 없는 한낱 인간에 불과할 뿐임을 철저하게 인식하고 회개했다. 하나님과 자기 사이에 있던 죄의 문제를 해결함으로 다시금 하나님과의 직접적인 연결 고리를 복구했다.

기도를 쉬는 죄

우리가 신앙생활을 하면서 간과하기 쉬운 죄 중에 하나는 '기도를 쉬는 죄'다. 부르짖음이 사라지면 우상이 드러나는 이유가 바로 이것이다. 기도를 쉰다는 것은 곧 죄와 연결된다는 것을 뜻한다. 우리는 기도는 해도 되고, 안 해도 되는 것처럼 여길 때가 많다. 조금 힘든 일이 찾아오면 기도의 자리에 나가고, 평안할 때는 굳이 기도하지 않아도 된다고 생각한다.

사무엘상 12장 23절을 보면, 사무엘이 백성들에게 "나는 너희를 위하여 기도하기를 쉬는 죄를 여호와 앞에 결단코 범하지 아니하고"라고 말하는 장면이 나온다. 쉬운성경은 이 구절을 다음과 같이 번역하고 있다.

"나도 여러분을 위해 기도하는 일을 멈추지 않겠소. 내가 기도를 멈춘다면 그것은 여호와께 죄를 짓는 일이 되오"(삼상 12:23, 쉬운성경).

기도를 하지 않는 것이 왜 하나님 앞에서 죄가 되는 것일까? 기도는 내가 원하는 것을 얻어 내기 위한 이기적인 장치가 아니다. 기도는 하나님을 진정한 왕으로 섬기는 사람들이 자신의 전 인생을 하나님께 맡긴다는 믿음의 표식이다. 하나님이 그에 대한 응답으로 우리를 인도해 가시는 것이다. 하나님을 왕으로 인정하는 사람이 기도를 하지 않는다면 그것이야말로 이율배반적인 행동이라고 할 수 있다. 기도가 곧 신앙의 수준이라고 해도 과언이 아니다. 왕 되신 하나님께 인생을 위임하고 선한 인도하심을 받는 사람의 인생이 가장 복되다.

하나님을 예배하는 것도 마찬가지다. 예배의 대상은 오직 한 분이시다. 유일하게 하나님만이 예배의 자리에 앉으실 수 있다. 다시 말해, 하나님과 내가 직접 연결되어 있기 때문에 예배가 가능한 것이다.

만약 하나님과 나 사이에 수많은 우상이 들어온다면 어떻게 될까? 그 우상들이 하나님과 나 사이에 놓인 직접적인 통로에 장애물이 될 것이다. 돈, 명예, 권력, 성공, 자녀, 쾌락 등이 인생의 중요한 요소로 자리를 잡으면서 하나님의 자리가 사라지고 말 것이다. 그리고 하나님을 유일한 예배의 대상이 아니라 인생의 중요한 여러 요소 중 하나로 전락시키는 죄를 범하게 된다. 예배가 무너지는 것이다.

기도도 마찬가지다. 우리가 기도하는 근본적인 이유는 인간은 유한하며 불완전한 존재이기 때문이다. 우리는 채움을 받으며 사는 존재이지 스스로 공급자가 되어 존재할 수 없다. 우리를 만드신 전능하신 하나님만이 부족함을 채울 수 있는 완벽한 공급자이시다. 여기서 중요한 사실은 하나님만이 채우실 수 있다는 점이다. 다른 것으로는 절대로 내 영혼을 만족감으로 채울 수 없다.

마가복음 9장에는 예수님이 귀신 들린 아이를 고치신 치유 사건이 나온다. 예수님은 "기도 외에 다른 것으로는 이런 종류가 나갈 수 없느니라"(막 9:29)라고 제자들에게 말씀하셨다. 귀신을 쫓는 것은 영적인 일이다. 영적인 일은 이 땅의 육적인 삶의 영역을 초월한다. 육적인 방법으로는 귀신을 쫓을 수가 없다. 귀신을 쫓기 위해서는 기도밖에 다른 방도가 없음을 우리에게 알려 주신 것이다.

우리는 우리가 처한 고난이나 역경의 사건들을 이 땅의 방법으로 해결하려고 지나치게 노력한다. 하나님이 "전쟁은 나에게 속한 것이다"라고 아무리 강조해서 말씀하셔도 우리는 속으로 '무슨 말이야. 전쟁은 우리가 직접 나가서 싸워야 하는 것이지' 하고 생각한다. 영적인 세계에 대한 이해가 없고, 우리가 영적인 존재라는 사실조차 인식하며 살아가지 않는 것 같다.

어떤 목사님이 이 성경 구절을 인용하면서 정말 멋진 표현을 쓰셨다.

기도는 중요한 것이 아니라 유일한 것이다.

기도는 모든 문제를 하나님께 직접 가지고 나아가는 유일한 수단이다. 하나님을 뛰어넘는 문제는 없다. 하나님보다 큰 문제도 없다. 왜 우리는 기도를 쉬는 죄를 범하는가? 그것은 기도 대신에 다른 방법들을 동원하는 데 시간을 허비하기 때문이다. 기도는 이 방법, 저 방법 다 해보고 안 되면 그제야 어쩔 수 없이 하는 비상수단이라고 생각한다. 하나님을 여러 중요한 요소 중 하나로 여기는 잘못을 범하는 사람들이 얼마나 많은지 모른다.

사도 바울은 "쉬지 말고 기도하라"(살전 5:17)라고 말했다. 이것이 그리스도 예수 안에서 우리를 향하신 하나님의 뜻이라고 설명했다. '기도를 쉬지 않는 것'을 실천하는 삶이 하나님의 뜻이다. 우상은 기도하지 않아도 된다고 우리를 유혹한다. 그러나 우리는 기도를 통해 우상 너머에 계신 하나님을 바라보고 의지해야 한다. 치열한 영적 전쟁터에서 승리할 수 있는 유일한 길은 기도뿐이다.

내 마음을 시험하라

많은 사람들이 자신의 기도 제목이 응답되면 모두 잘된 것이라고 생각한다. 고난이 지나갔다고 생각되면 그것으로 다 끝났다고 여긴다. 그런데 조심해야 한다. 우리가 받은 그것이 하나님이 좋아하시는 것과 같지 않을 수도 있기 때문이다.

이스라엘 백성은 인간 왕을 원했다. 하나님은 인간 왕을 달라는 그들의 요구를 기뻐하지 않으셨다. 그럼에도 불구하고 사울 왕을 주셨다. 기도 응답이 항상 좋은 결과를 가져오는 것은 아니라는 뜻이다. 오히려 하나님은 응답 이후 우리의 삶과 반응에 관심이 더 많으시다. 우리는 이 점을 명심해야 한다. 사무엘상 12장 20절에서 사무엘은 이스라엘 백성에게 이렇게 말했다.

"두려워하지 말라 너희가 과연 이 모든 악을 행하였으나 여호와를 따르는 데에서 돌아서지 말고 오직 너희의 마음을 다하여 여호와를 섬기라"(삼상 12:20).

"너희가 왕을 구하는 잘못을 저질렀지만, 지금부터라도 여호와께 순종하고 그분을 온 마음으로 섬기라"라는 권면이다.

우리가 원하는 기도의 응답을 받았을 때에도 스스로 조심하는 지혜가 필요하다. 기도 응답 이후에 하나님께 더욱더 영광 돌리는 삶을 살고 있는지, 아니면 그 응답 때문에 하나님과 멀어지고 있는지 스스로 살펴야 한다.

그런 의미에서 시편 기자의 기도를 우리의 기도로 삼을 필요가 있다. 우리는 고난을 피하게 해달라고 안달복달하는 얕은 기도를 넘어서 과감하게 나의 마음과 동기를 시험해 달라는 크고 넓고 깊은 기도를 해야 한다.

"여호와여 나를 살피시고 시험하사 내 뜻과 내 양심을 단련하소서"(시 26:2).

"하나님이여 나를 살피사 내 마음을 아시며 나를 시험하사 내 뜻을 아옵소서"(시 139:23).

이렇게 기도하라.

"하나님, 제 인생의 목표는 제가 제 인생의 주인으로 서는 교만의 자리에서 내려와 하나님만을 진정한 왕으로 모시고 사는 것입니다. 저는 저의 부족함을 잘 압니다. 저의 죄성을 잘 압니다. 제 안에 그릇된 우상들이 있음을 고백합니다. 그러니 저를 내버려 두지 마시고 제발 시험해 주옵소서. 때로는 고난도 주옵소서. 그것을 통해 저의 신앙이 어떠한지 알게 해주옵소서. 하나님의 시험을 피하지 않게 하옵소서. 그 시험을 피하다가 교만의 자리에 설까 두렵습니다. 그 시험을 통해 정직하게 저를 들여다보게 하시고, 하나님이 기뻐하시는 자녀가 되게 해주옵소서. 저를 단련하신 후에 정금과 같이 나오게 하실 하나님을 찬양합니다. 예수님의 이름으로 기도합니다. 아멘."

우리는 기도하지 않고서는 일평생을 살아갈 수가 없다. 우리가 가지고 있는 유한한 자원으로는 실전에 놓인 우리 인생이 버텨 낼 재간이 없다. 한 발짝 걸어가면 한계를 만나고, 해결되었나 싶어서 또 한 걸음을 떼면 또 다른 한계를 만나는 것이 인생이다. 우리는 하나님의 손을 붙잡아야만 살 수 있도록 창조되었다.

4장
기도는 지속적인 관계맺기다

내 기도는 충분한가?

언젠가 설교 중에 성도들에게 이런 질문을 던진 적이 있다.
"여러분은 지금 충분히 기도하고 있습니까?"
아니나 다를까 거의 대부분의 성도들이 자신 있게 대답하지 못했다.

2012년에 그리스도인들을 대상으로 설문 조사를 실시한 내용이 있다. 조사 결과에 의하면, 그리스도인들 중 정기적으로 매일 기도하는 사람은 절반 정도였고, 기도 시간은 약 25분이었다. 그중에는 몇 시간씩 매일 기도하는 사람들도 있고, 5-10분 정도 기도하는 사람들도 있었을 것이다. 어쨌든 평균을 내 보니 매일 25분이 나왔다.

24시간, 즉 1,440분 중에서 25분이므로 하루 중 1.7% 정도 기도하는 셈이었다. 잠자는 시간인 7시간을 빼면 약 2.4% 기도하고 있었다.

예수님은 우리에게 "항상 기도하라"라고 말씀하셨고(눅 18:1), 사도 바울은 "쉬지 말고 기도하라"(살전 5:17)라고 말했다. 하루 중 2% 남짓만을 기도에 할애하는 성도들은 이 말씀들 앞에서 어떤 마음이 들까?

대부분의 성도들은 기도해야 한다는 의무감과 기도하기 어려운 현실적인 상황 속에서 갈등하고 있을 것이다. 또한 항상 쉬지 말고 기도해야 한다는 말씀이 압박감으로 다가올 수도 있다. '기도'라는 단어를 떠올릴 때마다 "기도해야 하는데, 기도해야 하는데"라는 말을 반복할 뿐 실상은 기도하지 못하는 자신을 바라보며 자책할지도 모르겠다.

여기서 딜레마가 발생한다. 우리가 기도하는 시간은 하루 중 2% 남짓인데 하나님은 우리가 더 많은 시간 기도하기를 원하신다. 도대체 어떻게 해야 하는가?

이대로 마음의 부담을 견디면서 2%의 기도 생활에 만족하며 살아갈 것인가, 아니면 어차피 항상 기도하는 것은 불가능하니 기도를 포기한 채 살아갈 것인가?

하나님, 저 바쁜 것 아시잖아요?

우리는 기도하지 않고서는 일평생을 살아갈 수가 없다. 우리가 가지고 있는 유한한 자원으로는 실전에 놓인 우리 인생이 버텨 낼 재간이 없다. 한 발짝 걸어가면 한계를 만나고, 해결되었나 싶어서 또 한 걸음을 떼면 또 다른 한계를 만나는 것이 인생이다. 우리는 하나님의 손을 붙잡아야만 살 수 있도록 창조되었다.

그렇기 때문에 많은 성도들이 하나님께 도우심을 요청하며 기도를 한다. 사실 이 땅에서 하나님의 도우심이 필요하지 않은 영역은 단 하나도 없다. 심지어 참새가 한 앗사리온에 팔리는 것에도 하나님의 개입하심이 있다(마 10:29). 우리의 삶 구석구석에는 하나님의 역사하심이 존재한다.

그런데 우리가 기도의 초점을 '도우심'에 맞추다 보니 기도가 하나님의 도우심을 얻어 내기 위한 얄팍한 수단으로 전락하고 말았다. 문제가 생길 때만 기도하는 데 너무 익숙해져서 일상에서 기도하는 법을 잊어버렸다. 특별한 문제가 없을 때는 사는 게 바쁘다는 핑계로 기도를 쉬는 것이 당연한 듯 생각하고 있다.

기도에 대해 대화를 나누다가 어떤 분이 전해 주신 이야기가 생각난다. 한 권사님 댁을 방문했는데, 그분은 하루에 8시간 기도할 정도로 기도의 사명이 있는 분이셨다. 하루에 잠자는 시간을 빼고

8시간 기도하는 것은 쉽지 않은 일이다. 밥 먹고, 잠깐 쉬고, 교제하고, 이것저것 집안 정리를 하면서 기도하기에는 분명히 빠듯한 시간이다.

그런데 권사님의 삶을 들어 보니 8시간 기도가 충분히 가능해 보였다. 그분은 세 끼 밥 먹는 시간도 아껴야 한다며 음식을 먹을 만큼 비닐에 넣어서 냉동실에 보관해 놓고 끼니때마다 빼서 빨리 조리해서 드셨다. 그 정도로 시간을 아껴서 기도 시간을 확보하신 것이다. 기도가 최우선 순위에 있다 보니까 이를 중심으로 모든 삶이 조정되더라고 하셨다. 그 이야기를 듣고 나도 시간 관리를 잘해서 더 열심히 기도해야겠다는 마음이 생겼다.

하지만 여전히 마음 한구석에는 '아무리 시간 관리를 잘하더라도 바쁜 일상 속에서 8시간을 기도하는 것이 가능할까?' 하는 생각이 들었다. 아침부터 저녁까지 성도들을 심방하고, 사역을 감당하고, 가정을 돌아보고, 대인 관계까지 소화하고 나면 고작 몇 시간 남았다. 8시간을 확보하기란 불가능해 보였다.

누구든 예외가 아닐 것이다. 현대인의 삶이 얼마나 분주한가? 게다가 특별한 일도 없는데 8시간씩 무슨 기도를 해야 할지 모르겠다는 분들도 상당수일 것이다. 그럴수록 기도가 더 짐처럼 여겨지기 마련이다.

예수님이나 사도 바울이 살았던 초대교회 때는 현대보다 덜 분주하고 단순한 삶을 살았으니 가능할 것이라고 여길지 모르겠다. 그러나 세상살이라는 것이 오십보백보다. 당시에도 나름대로 신경 써야 할 일들이 많았을 것이다.

물론 쓸데없는 일에 소모되는 시간을 아끼고 쪼개서 기도 시간을 확보하는 일은 필요하다. TV를 지나치게 많이 보거나, 핸드폰에 빠져 있거나, 다이어트를 하느라 힘이 없어 기도의 자리에 나가기가 힘들다면 조정해야 한다. 하지만 아무리 조정해 봐도 권사님처럼 8시간씩 매일 기도하는 것은 불가능하다. 그렇기에 또다시 질문해 본다.

"그렇다면 어떻게 해야 할까? 어떻게 해야 이 분주한 현대인의 삶 속에서 쉬지 않고 항상 기도하는 사람이 될 수 있을까?"

기도는 내 인생에 쓸모가 있는가?

인간이 창조 이래 점점 잃어 가는 것이 있다면 그것은 '여유'다. 하나님 안에서 누리는 평안과 안식을 놓치며 살아가고 있다. 이 책을 읽고 있는 바로 오늘 하루를 돌이켜 봐도 이 사실은 여실히 증명된다. 몸이 실제로 바빴든, 아니면 넋 놓고 소파에 앉아 있었든 우리의 마음은 늘 무엇인가 해야 한다는 분주함과 불안함으로 가득 차 있다.

나도 이런 현상을 자주 경험한다. 교회 전체 프로그램을 진행해야 하는 사역이 맡겨졌을 때, 혹은 풀리지 않는 대인 관계로 인해 마음이 무거울 때면 어김없이 새벽잠을 설치곤 한다. 새벽 2-3시에 눈이 뜨이면 그때부터 머리가 작동되기 시작한다. 더 자야 하는데, 몸이 더 충분한 수면을 원하는데도 이미 머릿속은 교회 프로그램에 대한 생각으로 한가득이다. 내 마음에서 미워하는 한 사람을 꺼내지 못해 가슴이 콩닥콩닥 뛴다.

그때마다 "이럴 때일수록 기도해야지" 하고 스스로를 설득하며 무릎을 꿇는다. 그런데 사실 그것이 잘 안 된다. 머릿속과 마음속에 이미 내 생각과 내 감정이 가득 차 있는 것을 발견하게 된다. 하나님께 기도로 나아가면 분명히 내가 생각하고 있는 방법보다 더 좋은 것을 주실 텐데 말이다.

우리가 이토록 여유를 빼앗긴 삶을 살아가는 이유는 무엇일까? 그것은 우리의 삶이 '효율'이라는 가치를 추구하게 되었기 때문이다. 효율성을 놓고 보면 여유는 아무짝에도 도움이 되지 않는 시간 낭비에 불과하다.

'효율'의 사전적 의미는 '들인 노력과 얻은 결과의 비율'이다. 즉 내가 10만큼의 노력을 했으면 적어도 10 이상의 결과를 얻어야 효율적이라고 할 수 있다. 다시 말해, 내가 투자한 만큼 이득을 얻어 내는 것을 말한다. 만일 내가 노력한 것보다 결과가 낮다면 빨리 포기하고 다른 방법을 찾는 것이 좋다.

그러다 보니 우리는 자신이 원하는 것을 얻기 위해서 수많은 시간과 물질과 힘과 인력을 투자하는 데 온통 관심을 기울일 수밖에 없었다. 심지어는 적지 않은 그리스도인들이 일주일에 하루, 하나님이 주신 안식의 날인 주일조차 효율성에 따라 선택하는 상황까지 발생했다. 이처럼 효율을 찾는 삶을 살아가는 한, 편안한 마음으로 하나님을 찾는 여유를 갖기란 불가능하다.

효율성을 따지는 사람들은 "쉬지 말고 기도하라"라는 말씀을 보면 이런 질문을 던진다.

"쉬지 말고 기도하면 내가 원하는 것을 얻는 데 도움이 되는가?"

주어진 업무와 일상으로 인해 24시간이 바쁜 이유는 그만큼 바빠야만 업무와 일상에서 원하는 결과를 얻을 수 있기 때문이다. 바쁘게 사는 것이 효율적이라는 전제로 삶을 살아간다. 바쁘게 살고, 더 많이 노력해야만 원하는 것을 얻을 수 있다는 것이다.

과연 효율적인 삶을 추구하는 우리에게 기도는 쉬지 말고 해야 할 만큼 중요한 요소일까?

내 자녀가 취업을 앞두고 있다면 과연 기도가 취업에 효율적인가?
내 자녀가 입시를 앞두고 있다면 과연 기도가 입시에 효율적인가?
내 남편이 승진을 앞두고 있다면 과연 기도가 승진에 효율적인가?

내 아내가 사업을 앞두고 있다면 과연 기도가 사업에 효율적인가?
내가 누군가를 미워하고 있다면 과연 기도가 용서에 효율적인가?

당신은 뭐라고 답하겠는가? 혹시 우리의 기도가 효율성에 제한되어 현실을 뛰어넘어 역사하시는 하나님을 바라보지 못하게 막고 있는 것은 아닌가?

하나님은 효율을 원하지 않으신다

조직에서 사람을 선발할 때는 항상 두 가지 기준을 놓고 딜레마에 빠진다. 능력을 볼 것인가, 아니면 성품을 볼 것인가? 흔히 능력을 갖춘 사람은 대인 관계를 고려하지 않아 상대방의 마음을 상하게 하기 쉽다. 반대로 성품만 좋은 사람은 일이 어떻게 되든 상관하지 않아서 무능력하게 비치기 마련이다.

성경을 통해서 발견할 수 있는 하나님은 효율적이시기보다는 관계적이시다. 우리는 이미 하나님의 섭리와 전능하심을 통해 하나님이 완벽한 효율성을 가진 분이심을 알고 있다. 하나님은 우리를 통해서 일하시지만, 우리에게 의존적이지 않으시다. 우리가 더 열심히 해서 하나님께 조금 더 보탬이 될 수 있다는 개념이 존재하지 않는다는 이야기다. 하나님의 완전하심과 풍요로우심은 이미 완성

되어 있다.

그러나 하나님은 끊임없이 인간을 찾아오신다. 그것은 하나님의 입장에서 더욱더 많은 것을 얻으시기 위함이 아니다. 다시 말해, 효율을 위해서가 아니라 우리와 마음을 나누고 싶어 하시는 것이다. 성경 곳곳에서 이에 대한 근거를 찾을 수 있다.

하나님은 초월적이시면서 동시에 내재적이시라는 사실만 봐도 알 수 있다. 초월적이시라는 말은 우리 인간과는 차원이 다른 곳에 '독립적'으로 계신다는 의미다. 우리는 그곳에 갈 수도 없고, 그분의 생각을 알 수도 없으며, 그분이 행하시는 능력을 감당할 수도 없다. 하나님은 독립적인 초월자로 우주 저편에서 우리를 다스리신다. 하나님과 인간은 완벽하게 분리된 상태로 존재한다. 하나님은 굳이 스스로 우리를 찾아오실 필요가 없다. 천군 천사를 동원하시거나 다른 피조물들을 명하셔서 인간을 통치하실 수도 있다. 하나님이 초월자이시기만 하다면 그분은 결코 관계적인 하나님이실 수 없다.

"하나님은 하늘에 계시고 너는 땅에 있음이니라" (전 5:2).

그러나 하나님은 동시에 내재성을 갖고 계신다. 다시 말해, 이 땅에 나타나신다는 말이다. 나타나신다는 말의 의미는 하나님이 찾아오신다는 것이다. 즉 하나님은 피조물들과 관계적으로 존재하신다.

"그는 우리 각 사람에게서 멀리 계시지 아니하도다 우리가 그를 힘입어 살며 기동하며 존재하느니라"(행 17:27-28).

하나님이 효율만을 생각해 우리를 다루신다면 어떻게 될까? 아마도 얼마만큼 열심히 기도했는지, 말씀을 읽었는지, 전도를 했는지, 헌금을 했는지 등 열심과 결과물로 우리를 평가하실 것이다. 평가가 나쁘면 구원에서 제외시키실지도 모르겠다. 성적이 저조한 사람은 경제적인 벌로 다스리실지도 모르겠다. 상상만 해도 끔찍한 일이다.

기도는 지속적인 관계맺기다

어느 날 대학을 졸업한 지 20년 만에 한 친구에게서 전화가 걸려 왔다고 가정해 보자. 그런데 그 친구가 20년 만에 전화를 건 이유가 결혼 소식을 전하기 위한 것이라면 전화를 받은 친구의 마음이 어떨까? 누구나 살면서 한두 번 경험하는 일일 것이다. 전화를 받은 친구는 아마 굉장히 기분 나쁜 어투로 혼잣말을 했을 것이다.
"아니, 20년 동안 한 번 연락도 없더니 결혼한다고 전화를 해?

뭐야, 축의금이나 내라는 거야? 결혼식 끝나고 나면 연락도 안 할 거면서……."

왜 이렇게 중얼거리게 되는 것일까? 그것은 관계가 친밀하지 않기 때문이다. 관계가 좋은 사람들은 서로에게 어떤 결과물을 요구하지 않는다. "나는 이것을 원하기 때문에 너를 만난다"는 식으로 대하지 않는다. "내가 원하는 것을 얻을 때까지만 너를 만날 것이다"라고 하지도 않는다. 만남 자체가 좋아야 관계가 지속적으로 유지될 수 있는 것이다.

"우리가 보고 들은 바를 너희에게도 전함은 너희로 우리와 사귐이 있게 하려 함이니 우리의 사귐은 아버지와 그의 아들 예수 그리스도와 더불어 누림이라"(요일 1:3).

여기서 '사귐'은 헬라어로 '코이노니아'다. 이 단어는 '함께 가진 것을 나누다'라는 의미를 가지고 있다. 하나님은 우리에게 줄 것이 많으시다. 충분히 모든 것을 가지고 계신다. 그 모든 것을 주기를 아까워하시지 않기 때문에 친히 그것을 주러 오셨다. 하나님은 자신이 가진 것을 공급해 주심으로 우리와 교제하시는 것이다.

그런데 문제는 "우리가 하나님께 드릴 것은 도대체 무엇인가?"라는 점이다. 여기서 "우리가 어떻게 기도해야 할 것인가?"에 대한 고민이 시작되어야 한다.

우리는 받기 위해 간구할 수 있다. 왜냐하면 하나님은 아낌없이 주심으로 우리와 교제하시기 때문이다. 그렇다면 우리는 어떻게 하나님과 교제할 수 있을까? 우리는 하나님께 드릴 것이 없다. 아무리 드려도 그것으로는 하나님을 기쁘시게 할 수 없다. 하나님은 다 가지고 계시기 때문이다. 천지가 그분의 것이다.

하나님과 교제할 때 우리가 할 수 있는 일은 그 일에 동참하는 것뿐이다. 하나님이 주시는 것에 감사하고, 하나님이 주시는 것에 만족하며, 하나님이 가장 좋은 것을 주신다는 사실을 인정하는 것, 그것이 바로 하나님과의 교제에 있어서 우리가 할 수 있는 일이다.

기도는 하나님과 매일 만나는 일상적인 통로다. 기도를 특별한 것처럼 생각하도록 만드는 것은 사탄의 전략이다. 특별한 일이 없을 때는 하나님 앞에 가지 말라고 속이는 것이다. 이것은 사랑의 관계 속에서 하나님을 만나는 인격적인 기도를 버리고, 필요할 때만 열심히 기도해서 원하는 것을 얻어 내는 기계적이고 효율적인 기도를 추구하게 하려는 사탄의 속임수다.

하나님은 우리의 열심과 상관없이 하나님을 신뢰하고 하나님의 뜻대로 살아가는 사람을 지속적으로 인도하신다. 우리는 이 사실을 꼭 기억해야 한다.

5장

열심보다 중요한 것은 제대로 하는 것이다

기도는 될 때까지 밀어붙이는 것이 아니다

언제가 지인이 메일을 한 통 보내왔는데, 그 내용이 매우 흥미로웠다. "가짜 식욕이 다이어트를 망친다"라는 내용이었다. 현대인은 배가 특별히 고프지 않은데도 무엇인가를 먹고자 하는 욕구가 있다고 했다. 사람들이 배가 고프지 않은데도 음식에 손을 대는 이유는 '가까이에 음식이 있기 때문에', '맛이 좋기 때문에', '먹는 것 외에 달리 할 일이 떠오르지 않기 때문에', '감정을 어떻게 처리해야 할지 모르기 때문에' 등 매우 다양하다고 했다.

'감정에 이끌려 먹는다' 라는 답을 보고 나 자신을 돌아보니 공감이 갔다. 슬퍼서, 외로워서, 두려워서, 행복해서, 신 나서, 그리고 반가워서 먹는 경우가 실제로 많았다. 물론 그렇다 하더라도 특별한 문제가 생기지는 않는다. 그러나 이런 식습관으로 인해 비만이 되거나 성인병 등으로 건강을 해치게 되면, 그때는 절제와 어떤 조치가 필요하다.

그 글은 건강한 체중 관리의 걸림돌이 이런 '가짜 식욕'이라고 강조했다. 가짜 식욕의 근저에는 음식을 통해서 공허한 마음을 달래고, 간접적으로라도 행복을 추구하려는 마음이 깔려 있다. 즉 식습관 자체를 바꾸려고 아무리 노력해도 '마음의 허기'를 달래지 않으면 어려운 것이다. 문제는 내 마음의 허기는 보지 못하고 외형적으로 많이 먹는 부분만 통제하려고 하니 다이어트에 성공하지 못하는 것이다. 그런데도 우리는 "어떻게 먹지 않을 것인가?"라는 문제를 해결하면 다이어트에 성공할 것이라고 착각한다.

우리가 기도하는 습관도 마찬가지다. 오랫동안 신앙생활을 하고 기도 생활을 했는데 여전히 영적인 비만 상태에서 헤어 나오지 못하고 있다면 기도에 무엇인가 문제가 있는 것이다. 단순하게 기도의 시간을 늘리고, 기도의 방법을 조정해서는 해결되지 않는다. 마음의 허기라는 본질적인 문제로 인해 '가짜 식욕'이 일어나듯이 기도의 본질을 놓친 공허한 기도로는 하나님의 역사를 일으킬 수 없다.

신앙생활은 외형만 바꿔 끼운다고 쉽게 변화되지 않는다. 성경이 말하는 진리를 배우고, 인정하고, 그대로 살려고 애써야만 변화가 일어나기 시작한다. 기도도 마찬가지다. 우리의 기도가 외형에 많이 치우쳐 있는 것이 사실이다. 통성기도를 크게 하면 믿음이 좋은 사람인 양 생각하고, 합심 기도회에 많이 참석하면 기도를 잘하는 사람으로 평가하기 쉽다. 기도를 시작했으면 끝까지 매달려야 신앙이 좋은 사람이고, 포기하지 않고 강청하는 것이 기도의 바람직한 모습이라고 생각한다. 어떤 사람들은 기도가 될 때까지 하라고 권면하기도 한다.

사실 마음이 너무 힘들 때는 말문이 막혀 기도가 안 될 수 있다. 그래서 답답하다. 이때 뜨겁게 기도하는 현장에 함께 있으면 기도가 잘 열리는 경험을 하곤 한다. 나는 성도들과 함께 기도할 때면 통성으로 기도하고, 합심해서 기도하고, 끈질기게 하나님께 매달리라고 권면한다.

그러나 그것이 기도의 절대 공식처럼 여겨지는 것은 옳지 않다. 기도할 때의 절박함은 하나님을 의지하는 마음을 말하는 것이지 원하는 것을 더 잘 얻어 내기 위한 방법이 아니다. 기도를 방법으로 오해하는 사람들은 성경에서 그런 내용들만 골라내는 데 익숙하다.

우리가 기도에 대해서 가장 많이 오해하고 있는 부분이 있다면, 그것은 바로 기도는 끝까지 매달려야 하고, 하나님께 강청해야 한다는 것이다.

하나님께 기도할 때는 강청해야 된다?

사람들은 보고 싶은 것만 보고 듣고 싶은 것만 보는 경향이 있다. 조금 우스운 예이지만 '안찰'이라는 개념이 좋은 예이다. 삼하 13:16에 한번 나오는 이 단어는 '~에 놓아두다'라는 의미로 손을 머리에 올려놓을 때를 표현한다. 그런데 많은 사람들이 안찰을 '때리면서 기도하는 것'으로 이해하고 있다. 왜일까?

어떤 분이 그 이유를 재미있게 해석한 이야기를 들은 적이 있다. 안찰에서 '찰'이라는 글자가 '찰싹'이라는 이미지를 연상시킨다는 것이다. 어이없다고 생각될지 모르지만 여전히 교회 문화 안에 때리는 안찰은 계속되고 있다. 때리는 것이 더 효과적일 것이라는 믿음은 도대체 어디서 기인한 것일까?

강청하는 기도에 대해서도 같은 오해가 있는 듯하다. 절박한 상황에 처한 사람이라면 당연히 하나님께 강청할 수 있다. 그러나 일상적인 상황에서도 무조건 강청하기만 하면 된다는 식의 기도 공식은 과연 맞는 것일까? 강청하는 기도에 대한 대표적인 예인 누가복음 11장 5-8절을 살펴보자.

"또 이르시되 너희 중에 누가 벗이 있는데 밤중에 그에게 가서 말하기를 벗이여 떡 세 덩이를 내게 꾸어 달라 내 벗이 여행 중에 내게 왔으나 내가 먹일 것이 없노라 하면 그가 안에서 대답하여 이르되 나를 괴롭게 하지 말라 문이 이미 닫혔고 아이들이 나와 함께 침실에 누웠으니 일어나 네게 줄 수가 없노라 하겠느냐 내가 너희에게 말하노니 비록 벗 됨으로 인하여서는 일어나서 주지 아니할지라도 그 간청함을 인하여 일어나 그 요구대로 주리라"(눅 11:5-8).

여기에서 등장하는 '간청'이라는 단어도 안찰과 비슷하게 우리가 오해하는 단어 중 하나다. 뭔가 굉장히 강하게 하나님께 기도한다는 느낌을 준다. 하지만 간청의 원어 뜻은 부정접두어 '아'와 '부끄러워하다'라는 의미의 '아이도스'를 합성한 '아나이데이아'라는 명사로써, '부끄러움이 없음'을 뜻한다. 그래서 본문을 해석할 때, 부끄러워하지 말고 뻔뻔하게 기도할 것을 강조할 때가 많다. 틀린 해석은 아니다. 왜냐하면 밤중에 친구가 와서 먹을 것을 달라는데, 먹을 것이 없는 위급하고 절박한 상황에서 부끄러움을 무릎 쓰고 이웃에게 요청할 수 있기 때문이다.

그런데 유대 문화를 이해하면, 이것은 우리가 생각하는 것만큼 급한 상황이 아니라는 것을 이해할 수 있다. 왜냐하면 유대 관습에서 옆집에서 먹을 것이 없어 꾸러올 때는 먹을 것을 대접하는 것이 '당연한 것'이었다. 유대 광야 길은 낮에는 뜨겁기 때문에 밤에 여행객들이 많았다고 한다. 밤에 지친 손님들이 자주 들렀다는 것이다. 그래서 유대인들은 밤에 잠을 잘 때, 방문 쪽에는 그 집의 가장이 잠을 잤다고 한다. 왜냐하면 언제든지 누군가가 먹을 것을 요청할 때 가족들을 깨우지 않고 바로 나가기 위해서다. 그러므로 한밤중에 찾아 왔을지라도 그 친구의 요청은 어렵지 않게 받아들여질 수 있는 것이었다.

이런 배경을 이해한다면 떡을 달라는 요청은 굳이 부끄러워해야 할 요청이 아니었다는 것을 알 수 있다. 그러니까 늦은 시간에 이웃에게 떡을 꾸어야 하는 것을 부끄러운 상황으로 보고 그 부끄러움을 무릎 쓰고 요청한다는 해석과는 거리가 있다는 것이다.

이런 배경에서 보면 오히려 그 요청을 받아들이지 않는다면, 그 집주인이 부끄러워해야 할 상황이라고 할 수 있다. 그러므로 사실 떡을 요청하는 친구는 자연스럽게 요청할 수 있음을 나타내고 있고, 반대로 요청을 받은 자에 있어서는 '자연스러운 요구에 대해서 부끄러움이 없도록(아데나이아) 떡을 주어야 함'의 의미로 해석이 가능한 것이다.

6절을 보면 이런 해석이 가능함을 지지하고 있다. "······일어나 네게 (떡을) 줄 수가 없노라 하겠느냐?"라는 의문법은 질문을 하고 있는 것이 아니라 강조용법으로 "반드시 떡을 줄 것이다"라는 의미이다. 우리도 자주 이런 표현을 쓰고 있다. 예를 들어 누군가에게 돈을 꿀 때 "내가 설마 이 돈을 안 갚겠어?"라고 말한다면 그 의미는 "나는 반드시 돈을 갚을 거야"라는 뜻이다. 7절과 연결해보면 "친구가 아니더라도 그 집 주인은 자신이 다른 사람들로부터 부끄러움을 당치 않기 위해서라도 떡을 줄 것이다"라는 해석이 가능한 것이다.

제대로 하는 기도 1. 좋으신 하나님께 완전히 맡기라

지금까지 앞에서 간청하는 기도에 대해서 2가지의 해석이 가능하다고 이야기했다. 한 가지는 요청하는 사람이 부끄러워하지 말고 뻔뻔하게 요청을 하면 집주인이 떡을 줄 것이라는 해석이고, 또 한 가지는 요청하는 사람은 자연스럽게 요청하고 요청받는 집주인이 부끄러움을 당치 않기 위해서 떡을 내주어야 한다는 해석이었다. 그러나 눅 11:9-13절에서 예수님의 말씀을 보면 후자의 해석이 더 합당함을 발견할 수 있다.

"내가 또 너희에게 이르노니 구하라 그러면 너희에게 주실 것이요 찾으라 그러면 찾아낼 것이요 문을 두드리라 그러면 너희에게 열릴 것이니 구하는 이마다 받을 것이요 찾는 이는 찾아낼 것이요 두드리는 이에게는 열릴 것이니라 너희 중에 아버지 된 자로서 누가 아들이 생선을 달라 하는데 생선 대신에 뱀을 주며 알을 달라 하는데 전갈을 주겠느냐 너희가 악할지라도 좋은 것을 자식에게 줄 줄 알거든 하물며 너희 하늘 아버지께서 구하는 자에게 성령을 주시지 않겠느냐 하시니라"(눅 11:9-13).

특별히 9절에 기록된 "문을 두드리라"라는 말씀은 마치 밤중에 친구를 찾아와 떡을 꾸어 달라고 하는 장면을 연상시킨다.

주님이 기도에 대해서 우리에게 알려 주고자 하시는 사실은 이것이다. '강하게 요구하라'가 아니라 하나님이 '좋은 아버지'이심을 믿으라는 것이다. 세상 아버지도 자녀에게 꼭 필요한 것, 특히 먹을 것을 공급해 준다. 아무리 악한 아버지라 할지라도 자녀의 생계를 책임진다. 만약 그렇지 않으면 그는 수치를 당할 수밖에 없다. 부모는 부끄러움을 당하지 않기 위해서라도 자녀를 돌볼 책임이 있다.

하물며 우리의 창조주 되시는 하나님이 우리에게 '떡'을 안 주시겠는가? 이는 반드시 주실 것이라는 뜻이다. 하나님이 반드시 우리의 필요를 공급하신다는 사실을 강조하고 있다. 왜냐하면 하나님은 스스로의 명예와 영광을 반드시 지키시는 분이기 때문이다.

그런데 이런 식의 해석을 처음 들어보신 분도 있을 것이다. 그럴 수 있다. 이런 해석이 갑자기 요 근래 나온 것이 아니다. 그럼에도 불구하고 아이러니하게 '강청의 기도'라는 해석을 포기하지 못하는 듯하다. 왜 그럴까? 개인적인 생각으로는 우리는 성경이 말하는 바에 대한 정답을 알기 원하기 보다는 '내 상황에 맞는 해석'을 더 좋아하기 때문이다. 성도들이 더 열심히 뜨겁게 기도하는 것을 더 좋은 기도의 모습이라고 생각하기 때문에 그냥 내버려 두고 있는 것은 아닐까?

주님이 진짜 하고 싶어 하시는 응답은 우리가 상상하지도 못한 것일 때가 많다. 비유의 결론 역시 우리의 생각 밖이다. 하나님은 우리에게 가장 좋은 것을 주기 원하시는데 그것은 바로 성령님이시다.

우리는 좋은 것을 구한다고 한 것이 기껏해야 잘 먹고 잘 입고 잘 자는 등 의식주의 문제를 벗어나지 못한다. 그러나 하나님은 이 땅을 살아가는 동안 우리에게 없어서는 안 되는 가장 중요한 것을 주겠다고 하셨다. 우리가 구하지도 않았는데 말이다.

그런데도 하나님을 믿지 못하겠는가? 내가 구하는 것이 더 좋은 것이라고 생각해 그것을 얻어 내겠다고 전전긍긍하면서 '강청'이라는 방법으로 기도하겠는가?

하나님께 기도할 때는 끝까지 매달려야 한다?

우리가 오해하는 기도의 태도 중 또 하나를 꼽으라면 하나님께 매달리라는 것이다. 기도가 응답될 때까지 기도하면 하나님이 귀찮아서라도 결국 원하는 것을 들어주실 것이라는 착각이다. 마치 우리가 얼마나 끈질기게 기도하는지 하나님이 시험하고 계신다고 생각하는 것 같다. 그러면서 근거로 삼는 성경 구절이 누가복음 18장 1-7절에 나오는 불의한 재판장을 찾아간 과부의 기도다.

"예수께서 그들에게 항상 기도하고 낙심하지 말아야 할 것을 비유로 말씀하여 이르시되 어떤 도시에 하나님을 두려워하지 않고 사람을 무시하는 한 재판장이 있는데 그 도시에 한 과부가 있어 자주 그에게 가서 내 원수에 대한 나의 원한을 풀어 주소서 하되 그가 얼마 동안 듣지 아니하다가 후에 속으로 생각하되 내가 하나님을 두려워하지 않고 사람을 무시하나 이 과부가 나를 번거롭게 하니 내가 그 원한을 풀어 주리라 그렇지 않으면 늘 와서 나를 괴롭게 하리라 하였느니라 주께서 또 이르시되 불의한 재판장이 말한 것을 들으라 하물며 하나님께서 그 밤낮 부르짖는 택하신 자들의 원한을 풀어 주지 아니하시겠느냐 그들에게 오래 참으시겠느냐"(눅 18:1-7).

5절에 나오는 '번거롭게' 란 단어는 원어로 '코포스' 인데, '때리다, 치다, 강타하다' 는 의미를 가지고 있다. 육체적으로 아픔이나 피로를 느끼게 한다는 말이다. 뒤에 나오는 '괴롭게' 한다는 의미도 비슷하다. 원어 '휘포피아조' 는 '눈을 멍들게 한다' 는 의미를 가진다. 때리고 거칠게 다룬다는 의미다. 그러니까 이 과부가 매일 찾아오는 것이 재판관에게는 상당히 스트레스가 되었다는 걸 나타내고 있다. 그렇다면 우리도 하나님을 거칠게 다루고 공격적으로 협박이라도 해서 내가 원하는 답을 얻어내야 한다는 이야기를 하고 있는 것일까?

먼저 1절에서의 전제는 "기도하지만 낙심할 수 있다"는 것이다. 기도하면 모든 문제가 다 해결되는 것이 아니라 기도했음에도 불구하고 상황이 바뀌지 않을 수도 있다. 상황이 바뀌지 않을 때 사람은 낙심하게 된다. 즉 주님은 비록 상황이 바뀌지 않을지라도 낙심하지 말라고 권면하신 것이다.

그렇다면 낙심하지 않아도 되는 근거는 무엇인가? 그것은 7절에 나온다. 앞서 본 바와 같이 "밤낮 부르짖는 택하신 자들의 원한을 풀어 주지 아니하시겠느냐"라는 문장은 의문법이 아니라 강조 용법이다. 다시 말해, 반드시 풀어 주시겠다는 것이다.

여기서 우리는 '밤낮 부르짖는' 이라는 구절에 초점을 둘 때가 많다. 그래서 무슨 기도의 제목이든 끈질기게 기도하면 다 해결될 것이라고 생각한다. 그러나 본문의 주제는 '원한을 풀어 주시는 하나님' 이다. 즉 모든 문제에 대해서 밤낮 부르짖으면 된다는 것이 아니라 '억울한 원한' 을 가진 연약한 과부를 공의와 정의로 돌보시는 하나님을 강조하는 본문인 것이다.

억울한 일을 당한 사람은 잠을 못 잘 정도로 마음이 힘들다. 그들은 밤낮 하나님께 부르짖을 수밖에 없다. 하소연할 곳이 없기 때문이다. 성경에 등장하는 과부도 원한이 얼마나 컸으면 재판장이 불의함에도 불구하고 그를 찾아갔겠는가? 재판장이 공의롭든 불의하든 상관없이 당장 누구에게든 하소연하지 않으면 속이 터져 버릴 것 같은 상황이었던 것이다. 처음부터 재판장을 밤낮 찾아가 괴롭히려고 의도한 것은 아니었다. 그를 괴롭히고자 전략적으로 계획한 일도 아니었다. 그렇게 하지 않으면 안 될 만큼 무척이나 억울한 상황이었던 것이다.

그러므로 우리가 본문을 보면서 "아! 하나님을 괴롭히면 되는구나. 무슨 일이든지 끈질기게 기도하면 되는구나. 밤낮 부르짖으면 되는구나"라는 식으로 이해하는 것이 문제다. 아무리 하나님을 괴롭혀도, 아무리 끈질기게 기도해도, 아무리 밤낮 부르짖어도 하나님이 기도에 반응하지 않으실 수 있다는 점을 기억해야 한다. 하나님이 판단하실 때 우리의 기도가 공의롭지 않고, 정의에 반하는 것이라면 그분은 결코 응답하지 않으실 것이다.

제대로 하는 기도 2. 믿음의 삶을 살며 기도하라

이제 과부의 기도 비유의 결론을 통해 어떻게 하면 제대로 기도

할 수 있는지에 대해 살펴보도록 하자.

"내가 너희에게 이르노니 속히 그 원한을 풀어 주시리라 그러나 인자가 올 때에 세상에서 믿음을 보겠느냐 하시니라"(눅 18:8).

이 말씀을 공동번역으로 보면 다음과 같다.

"사실 하느님께서는 그들에게 지체 없이 올바른 판결을 내려 주실 것이다. 그렇지만 사람의 아들이 올 때에 과연 이 세상에서 믿음을 찾아볼 수 있겠느냐?"(눅 18:8, 공동번역).

이 말씀은 '항상 기도하고 낙심하지 말라' 라는 주제를 보여 준다. 때로 믿음으로 사는 사람은 이 땅에서 억울한 일을 당할 수 있다. 그때는 악을 악으로 갚는 것이 아니라 선으로 악을 이기는 삶을 살아야 한다. 선을 행하다 낙심할 수도 있다. 그것이 그리스도인의 삶의 방식이다. 이런 십자가의 길을 걸어야 하는 그리스도인들에게 필요한 것이 바로 기도다.

믿음의 길을 걷다가 억울한 일을 당하거든 낙심하지 말고 기도해야 한다. 낙심될 때마다 기도해야 한다. 경험해 본 사람들은 잘 알겠지만, 원한으로 인해 응어리진 낙심은 쉽사리 풀리지 않는다.

끊임없이 마음을 괴롭힌다. 밤이고 낮이고 그 생각이 떠나지 않는다. 하루 종일 괴롭다.

그러니 억울한 마음이 찾아올 때 우리가 보일 수 있는 반응은 하루 종일 낙심해 있든지, 아니면 하루 종일 찾아오는 낙심을 이기기 위해 항상 기도하든지 둘 중에 하나다. 그렇기 때문에 주님이 "항상 기도하고 낙심하지 말라"라고 말씀하신 것이다. 낙심될 때마다 그 마음을 방치하지 말고 기도하라는 뜻이다.

하나님은 공의롭고 정의로우신 분이다. 이 땅에서 손해 보는 것 같지만, 믿음으로 살다가 어려움을 당한 사람들을 돌보신다. 그분은 낙심하지 않고 기도하고 있으면 속히 원한을 풀어 주겠다고 약속하신다.

그런데 8절 하반 절이 흥미롭다. 예수님은 "그러나 인자가 올 때에 세상에서 믿음을 보겠느냐"라고 여운을 남기신다. 우리는 과부의 기도 비유를 보면서 무조건 끈질기게 기도하면 원하는 것을 얻을 줄로 생각한다. 그런데 하나님은 "너희 중에 과연 이 땅에서 믿음으로 살다가 억울한 일을 당할 사람이 있겠느냐?" 하고 질문하신다. 더 나아가 "이런 억울한 일들 속에서 낙심하지 않고 기도할 사람이 있겠느냐?"라고 말씀하신다.

기도의 사람들에게는 탁월한 기도의 방법이 있었던 것이 아니라 믿음의 삶이 동반되었다는 사실을 잊어서는 안 된다. 기도할 때와 삶의 모습이 다르다면 하나님이 그 사람을 어떻게 대하시겠는가? 죄를 용서해 달라고 눈물로 기도하면서 정작 자신은 용서해야 할 대상을 무자비하게 대한다면 어떻겠는가? 하나님은 결코 그의 기도를 진실하게 여기지 않으실 것이다.

기도는 특별한 것이 아니라 일상적인 것이다

열심히 최선을 다해 매달려 기도했는데 응답을 받지 못해 섭섭해하는 성도들을 어렵지 않게 만나곤 한다. 더 열심히 기도한 사람일수록 원하는 것을 얻지 못한 상실감이 더 클 수밖에 없다.

그런데 그렇게 열심히 간구했음에도 불구하고 하나님이 허락하시지 않는다면 하나님의 입장에서도 이유가 있는 것이 아닐까? 하나님이 기도에 응답하지 않으신 이유를 한 가지로 규정하는 것은 불가능하다. 그것은 인간의 수준을 넘어서는 일이다.

성경이 우리에게 알려 주는 진리에 비추어 보면, 하나님은 우리에게 정말 좋은 것을 주시는 아버지이시다. 이 사실을 믿는다면 원하는 것을 얻지 못했을 때 이렇게 이해할 수 있을 것이다. 첫째, "하나님의 눈으로 볼 때 내가 원하는 것이 가장 좋은 것이 아니었나 보다." 둘째, "하나님의 눈으로 볼 때 내가 원하는 것보다 더 좋은 것이 있나 보다."

더 나아가 내가 원하는 시간에 기도 응답이 되지 않았다면 이렇게 영적으로 해석할 수 있다. 첫째, "하나님이 생각하실 때 지금은 좋은 때가 아닌가 보다." 둘째, "하나님이 생각하실 때 지금보다 더 좋은 때가 있나 보다."

하나님은 가장 좋은 때에 가장 좋은 것을 주시는 분이다. 우리는 특별한 것을 얻어야 좋은 것이고, 특별한 때에 되어야 좋은 것이라고 생각한다. 그러다 보니 특별한 때에 특별한 것을 얻기 위해서는 특별한 기도가 필요하다고 착각한다.

기도는 하나님과 매일 만나는 일상적인 통로다. 기도를 특별한 것처럼 생각하도록 만드는 것은 사탄의 전략이다. 특별한 일이 없을 때는 하나님 앞에 가지 말라고 속이는 것이다. 이것은 사랑의 관계 속에서 하나님을 만나는 인격적인 기도를 버리고, 필요할 때만 열심히 기도해서 원하는 것을 얻어 내는 기계적이고 효율적인 기도를 추구하게 하려는 사탄의 속임수다.

하나님은 우리의 열심과 상관없이 하나님을 신뢰하고 하나님의 뜻대로 살아가는 사람을 지속적으로 인도하신다. 우리는 이 사실을 꼭 기억해야 한다.

필요의 결핍으로 인한 부르짖음에는 욕심이 끼어들지 않는다. 그 기도는 생존의 문제이기 때문이다. '더 잘살고 싶은' 바람으로 하는 기도가 아니라 '그저 살고 싶은' 마음으로 하는 기도. 위기의 순간을 만나 내 힘으로는 불가능하다고 판단되는 바로 그때 하나님의 도우심을 바라는 기도다. 그렇기 때문에 순도가 높은 기도일 수밖에 없다. 그러나 원함의 결핍은 다르다. 원함의 결핍은 비교 의식과 경쟁의식을 가져온다. 원함은 불만족에 뒤따른 감정이다. 그래서 원함의 결핍이 올 때 불평과 다툼이 일어난다. 자신보다 더 가진 사람을 의식하기 때문에 자존감이 낮아진다. 그리고 하나님께 "저도 저 사람처럼 갖고 싶습니다"라고 기도하게 된다. 자신이 상대적으로 더 많은 것을 가져야 한다는 경쟁은 더 큰 욕심을 부른다. 그리고 더 많이 갖기 위해, 경쟁에서 이기기 위해 다투기 시작한다.

6장
하나님의 창고는 욕심으로 열리지 않는다

하나님이 듣지 않으시는 기도가 있다

오래전에 읽었던 책 중에 제목이 매우 인상적인 책이 있다. 후안 까를로스 오르띠즈 목사님이 쓰신 『우리 기도의 대부분은 하늘나라에서 잡동사나 우편물처럼 취급당합니다』라는 책이다. 가끔 이 책 제목을 기억하는 성도들을 만나곤 한다. 제목이 조금은 극단적이기 때문일 것이다.

기도하는 사람이라면 누구나 자신의 기도가 하나님께 잘 들리기를 원하고, 또한 기도한 대로 응답받기를 원한다. 그런 기대감으로 기도하는 사람들의 기도가 잡동사니 취급을 당해 쓰레기통으로 들어간다면 매우 속상한 일이다. 안타깝게도 성경은 하나님이 듣지 않으시는 기도가 있다고 우리에게 말해 준다.

"구하여도 받지 못함은 정욕으로 쓰려고 잘못 구하기 때문이라"

(약 4:3).

하나님께 받은 것을 쾌락을 위해 사용하려는 잘못된 동기로 시작한 기도는 '잘못된 기도'라는 뜻이다. 아무리 오랜 시간 기도해도 잘못 구한 기도가 있을 수 있다. 기도 응답은 열심의 문제가 아니다. 제대로 구하는가의 문제다.

우리가 자주 착각하는 것 중에 하나는 단지 기도하는 데 의의를 두는 것이다. 기도하지 않는 것보다는 기도하는 편이 낫다는 식의 기도 습관을 반드시 버려야 한다. '어떻게든 되겠지' 하는 마음으로 기도하는 것은 잘못된 기도의 태도다. 아무리 구해도, 오랜 시간 구해도 하나님이 듣지 않으시는 기도가 있다는 사실을 꼭 기억해야 한다. 그래야만 올바른 방향으로 기도할 수 있다.

내가 정욕적인가?

내가 대학에 다니던 시절에는 학생들이 학교에 차를 가져오는 것을 규제했다. 학생들 간의 빈부격차나 감정적인 괴리감 형성을 우려해서였다. 그때만 해도 대학생들이 자가용을 가진다는 개념이 거의 없었다. 그래서 차를 가지고 있는 친구들은 부러움의 대상이었다. 다시 말해, 차를 갖고자 하는 것이 '간절한 원함'이었다. 하지만 나는 자가용이 없다고 해서 불편함을 느끼지는 않았다. 차가 있고 없고는 내 대학 생활의 만족도에 아무 영향을 주지 않았다.

그러나 시대가 지나고 누구나 손쉽게 차를 소유하게 된 요즘은 상황이 다르다. 차를 가지고 다니는 것이 예전에는 간절한 원함이었지만 이제는 '당연한 필요'가 되었다. 그러자 많은 사람들이 교통수단으로서 차를 인식하는 것이 아니라 얼마나 큰 차를 타고 다니는지를 비교하게 되었다. 크면 클수록 자신의 지위가 높아진다고 착각하는 것이다. 단지 자동차를 원하는 것이 아니라 '더 큰 자동차'를 원한다. 이제는 자동차가 더 크냐 작냐가 삶의 만족도에 영향을 미친다.

필요와 원함은 언제든지 바뀔 수 있다. 굳이 필요하지 않은데도 그것을 원한다. 이내 그것이 꼭 필요하다고 착각한다. 그러다 보면 우리의 마음은 끝없는 욕심으로 치닫는다.

필리핀의 독재자 마르코스의 아내 이멜다는 구두만 3천 켤레가 있었다고 한다. 그 더운 필리핀에 살면서 옷장에 모피 코트가 가득했다고 한다. 우리는 그녀의 행태를 보면서 "도대체 쓸모도 없는데 왜 그렇게 많이 가지고 있었을까?" 하고 질문할 것이다. 필요하지도 않은데 욕심을 부렸다는 이야기다. 우리에게 신발이 필요한 이유는 무엇인가? 그 필요를 따라 필요한 만큼만 가지고 있어도 충분하지 않은가?

때로는 우리도 이멜다와 같을 때가 있다. 사람은 자기의 욕심과 정말 필요한 것을 구분해 내는 데 어려움을 겪는다. 이것은 우리의 기도를 막는 중요한 요인이기도 하다.

"전에는 우리도 다 그 가운데서 우리 육체의 욕심을 따라 지내며 육체와 마음의 원하는 것을 하여 다른 이들과 같이 본질상 진노의 자녀이었더니" (엡 2:3).

우리는 이미 하나님의 자녀가 되어 신분상으로 변화되었지만 아직 완성품은 아니다. 전에 행하던 습관대로 하려는 쓴 뿌리들이 아직 남아 있다. 육체를 만족시키려는 죄성이 꿈틀거리고 있다. 우리는 여전히 정욕적이라는 사실을 자각하고 경계해야만 한다.

필요의 결핍 vs 원함의 결핍

언젠가 금요 기도회 때 하나님의 뜻을 구하며 기도해야 하고, 욕심대로 기도하면 안 된다는 설교를 한 적이 있다. 그 설교 이후에 메일이 한 통이 왔다. 내용인즉 기도를 하려고만 하면 '이 기도도 내 욕심이 아닌가?' 하는 고민이 떠오른다는 것이었다. 예전에는 머릿속에 떠오르는 대로 하나님께 기도했는데 이제는 기도가 막히고 자꾸 머릿속에 질문만 맴돈다고 했다.

사실 나 역시 고민되는 대목이기도 하다. 도대체 어디까지가 내 욕심이란 말인가?

이것을 구분하기 위해서는 앞서 언급한 바와 같이 기도의 동기가 '필요'인가, 아니면 '원함'인가를 따져 보는 과정이 필요하다. 내가 하나님께 기도하며 간절히 구하는 기도 제목이 필요한 것이 없어서인지, 아니면 원하는 것을 얻지 못해서인지를 구분해야 한다는 것이다. 이는 기도하는 모습을 통해 어느 정도 구분해 낼 수 있다. 필요의 결핍은 탄식과 부르짖음을 동반하는 경우가 많다. 성경의 예를 보자.

"여러 해 후에 애굽 왕은 죽었고 이스라엘 자손은 고된 노동으로 말미암아 탄식하며 부르짖으니 그 고된 노동으로 말미암아 부르짖는 소리가 하나님께 상달된지라"(출 2:23).

이스라엘 백성은 애굽의 종으로서 기본적인 인권인 자유를 잃어버렸다. 게다가 감당하기 어려운 고된 노동으로 육체적 한계를 느꼈다. 그들의 입에는 마음 깊숙한 곳에서 올라오는 고통으로 인한 외침이 있었다. 이는 순도 높은 외침이었다. 정말 절실한 부르짖음이었다. 하나님은 그저 '고된 노동으로 인해서 부르짖은 소리'를 '하나님께 상달된 기도'로 받으셨다. 즉 이스라엘 백성이 우리가 생각하는 방식으로 기도한 것이 아니라는 뜻이다. 하나님이 피곤에 지친 이스라엘 백성의 탄식 소리를 기도로 여기셨다는 것이다. 이것이 어떻게 가능한가?

필요의 결핍으로 인한 부르짖음에는 욕심이 끼어들지 않는다. 그 기도는 생존의 문제이기 때문이다. '더 잘살고 싶은' 바람으로 하는 기도가 아니라 '그저 살고 싶은' 마음으로 하는 기도다. 위기의 순간을 만나 내 힘으로는 불가능하다고 판단되는 바로 그때 하나님의 도우심을 바라는 기도다. 그렇기 때문에 순도가 높은 기도일 수밖에 없다.

그러나 원함의 결핍은 다르다. 원함의 결핍은 비교 의식과 경쟁 의식을 가져온다. 원함은 불만족에 뒤따른 감정이다. 그래서 원함의 결핍이 올 때 불평과 다툼이 일어난다. 자신보다 더 가진 사람을 의식하기 때문에 자존감이 낮아진다. 그리고 하나님께 "저도 저 사람처럼 갖고 싶습니다"라고 기도하게 된다. 자신이 상대적으로 더 많은 것을 가져야 한다는 경쟁은 더 큰 욕심을 부른다. 그리고 더 많이 갖기 위해, 경쟁에서 이기기 위해 다투기 시작한다.

"너희 중에 싸움이 어디로부터 다툼이 어디로부터 나느냐 너희 지체

중에서 싸우는 정욕으로부터 나는 것이 아니냐 너희는 욕심을 내어도 얻지 못하여 살인하며 시기하여도 능히 취하지 못하므로 다투고 싸우는도다 너희가 얻지 못함은 구하지 아니하기 때문이요 구하여도 받지 못함은 정욕으로 쓰려고 잘못 구하기 때문이라"(약 4:1-3).

기도의 내용이 비교 의식과 경쟁의식으로 가득하다면, 그 결과는 불평과 다툼일 수밖에 없다. 그 기도는 응답될 수 없다.

만나와 메추라기 사이에서

풍요로우신 하나님은 사랑하는 자녀에게 하나님의 창고를 여는 것을 주저하지 않으신다.

"너희 중에 누가 아들이 떡을 달라 하는데 돌을 주며 생선을 달라 하는데 뱀을 줄 사람이 있겠느냐 너희가 악한 자라도 좋은 것으로 자식에게 줄 줄 알거든 하물며 하늘에 계신 너희 아버지께서 구하는 자에게 좋은 것으로 주시지 않겠느냐"(마 7:9-11).

하나님의 진심은 우리에게 떡을 주고, 생선으로 먹이고 싶으신 것이다. 좋은 것을 주고 싶어 하시는 마음이다. 그러나 하나님은 한 가지를 고려하신다.

"이 좋은 것을 주었을 때 어떤 반응을 보일까?"

하나님은 출애굽 당시 수많은 이스라엘 백성을 먹이시기 위해 하늘 양식인 만나를 내려 주셨다. 노예 생활에서 해방된 것만도 매우 좋은 일인데 땀 한 방울 흘리지 않아도 매일 먹을거리가 눈앞에 펼쳐졌다. 이것은 감사, 또 감사할 일이었다.

"이스라엘 족속이 그 이름을 만나라 하였으며 깟씨같이 희고 맛은 꿀 섞은 과자 같았더라" (출 16:31).

'만나' 란 원어적으로 '이것이 무엇인지 아무도 몰랐다' 라는 뜻이다. 사실 그러했다. 이스라엘 백성은 하나님의 명령대로 무작정 광야로 나왔다. 어떻게 먹고살 것인지에 대한 방법을 갖고 있는 사람이 아무도 없었다. 출애굽할 때 이스라엘 백성은 아무것도 모르는 상태에 놓였다. 마치 아담과 하와가 에덴동산에서 쫓겨나 이 땅에 첫발을 내디뎠을 때와 같은 상황이었을 것이다. 이때는 오직 하나님의 도우심 외에는 살 방법이 없다.

이런 의미에서 하늘에서 주어진 양식의 이름이 만나라는 것은 참 의미가 있다. 실상 이스라엘 백성은 만나가 무엇인지, 어디서 어떻게 생겨난 것인지 알 수 없었다. 하나님의 도우심은 늘 우리가 생각하지 못하는, 아니 상상할 수 없는 방법으로 주어진다.

그런데 이스라엘 백성이 몰랐던 또 한 가지 사실이 있었다. 그들은 하나님이 왜 만나를 주셨는지 몰랐다. 풍요로우신 하나님은 가장 좋은 것을 우리에게 공급해 주실 수 있다. 그런 하나님이 만나를 주셨다는 사실에는 조금 의아한 부분이 있다.

"좀 더 맛있고 건강에 좋은 음식을 주실 수는 없었을까?"

시간이 지나면서 불평 어린 질문들이 이스라엘 백성 사이에 서서히 증폭되어 갔다. 우리가 기도할 때 갖는 불만 중 하나도 이와 유사하다. '좀 더 주시면 좋을 텐데.' 자꾸 하나님이 주시는 것이 부족하다고 느끼는 것이다.

결국 이스라엘 백성은 하나님께 불만을 토로했다. 고기가 먹고 싶다고 했다. 불만과 원망하는 마음이 있다 보니 거짓의 마음이 추가되었다. 그들은 이렇게 회상했다.

'노예 생활을 하던 애굽 땅에서는 언제든지 마음만 먹으면 고기를 삶아 먹을 수 있도록 가마솥이 있었어. 떡 정도는 배불리 먹을 수 있었지.'

"이스라엘 자손 온 회중이 그 광야에서 모세와 아론을 원망하여 이스라엘 자손이 그들에게 이르되 우리가 애굽 땅에서 고기 가마 곁에 앉아 있던 때와 떡을 배불리 먹던 때에 여호와의 손에 죽었더라면 좋았을 것을 너희가 이 광야로 우리를 인도해 내어 이 온 회중이 주려 죽게 하는도다"(출 16:2-3).

우리도 마찬가지다. 하나님이 늘 모자라게 주신다고 불평하기 시작하면 자신의 상황을 각색해서라도, 심지어 거짓된 생각을 동원해서라도 하나님이 잘못하고 계신다는 것을 증명하려고 애쓰게 된다. 그러나 이것은 큰 착각이다. 하나님은 고기를 주실 수 없기 때문이 아니라 이스라엘 백성에게 더 필요한 것이 있어서 주시지 않았던 것이다.

"너를 낮추시며 너를 주리게 하시며 또 너도 알지 못하며 네 조상들도 알지 못하던 만나를 네게 먹이신 것은 사람이 떡으로만 사는 것이 아니요 여호와의 입에서 나오는 모든 말씀으로 사는 줄을 네가 알게 하려 하심이니라"(신 8:3).

이스라엘 백성에게 필요한 것은 고기가 아니라 '여호와의 입에서 나오는 말씀으로 사는 법을 배우는 것'이었다.

우리에게 부족하게 주신다고 생각될 때도 마찬가지다. 만약 하나님이 지금 우리가 부족하다고 생각하는 것을 채워 주시지 않는다면, 그것은 더 급히 우리에게 채워져야 할 부분이 있기 때문이다. 하나님은 여전히 풍요로우시고, 우리에게 좋은 것을 주시기 원한다. 우리는 풍요로우신 하나님을 아버지로 모시고 살아간다. 하지만 때로는 육신의 배고픔을 경험할 수 있다는 것을 기억해야 한다.

하나님의 창고를 여는 내려놓음의 기도

잠언에는 출애굽한 이스라엘 백성과 상반되는 한 인물의 기도가 나온다. 야베스의 기도다. "가난하게도 마옵시고"라는 그의 기도는 오늘날 우리 주변에서 흔히 들을 수 있는 기도다. 하지만 뒤이어 나오는 "부하게도 마옵시고"라는 기도는 찾아보기 힘들다.

"내가 두 가지 일을 주께 구하였사오니 내가 죽기 전에 내게 거절하지 마시옵소서 곧 헛된 것과 거짓말을 내게서 멀리 하옵시며 나를 가난하게도 마옵시고 부하게도 마옵시고 오직 필요한 양식으로 나를 먹이시옵소서 혹 내가 배불러서 하나님을 모른다 여호와가 누구냐 할까 하오며 혹 내가 가난하여 도둑질하고 내 하나님의 이름을 욕되게 할까 두려워함이니이다"(잠 30:7-9).

쉬운성경은 "오직 필요한 양식"을 "일용할 양식"으로 번역했고,

NLT 성경은 "just enough to satisfy my needs"로 표현했다. 즉 내가 꼭 필요하다고 생각하는 것을 채워 주시니 내가 만족하기에 충분하다는 것이다. 예수님이 우리에게 가르쳐 주신 기도가 떠오른다.

"오늘 우리에게 일용할 양식을 주시고……우리를 시험에 빠지지 않게 하시고 악에서 구하소서."

일용할 양식에 대해 만족할 줄 아는 내려놓음의 기도가 시작될 때 놀라운 발견이 이루어진다. 이 발견은 육체의 정욕을 내려놓아야만 가능하다. 정욕을 품고 있는 한 영적인 눈이 가려질 수밖에 없다. 욕심을 가진 채 영적인 세계를 보는 것은 불가능하다.

내려놓음의 기도는 나의 필요를 채우시는 하나님을 신뢰하는 기도다. 그 기도를 드릴 때 더 이상 이 땅에서 먹고사는 문제에 대해 과도하게 신경 쓰지 않게 된다. 그러면서 서서히 하나님 나라에 대해 관심을 갖게 된다. 하나님 나라가 보이기 시작한다. 하나님이 진정 바라시는 것에 마음이 가게 된다. 이것이 성경이 말하는 영적 진리다.

"그러므로 염려하여 이르기를 무엇을 먹을까 무엇을 마실까 무엇을 입을까 하지 말라 이는 다 이방인들이 구하는 것이라 너희 하늘 아버지께서 이 모든 것이 너희에게 있어야 할 줄을 아시느니라 그런즉 너희는 먼저 그의 나라와 그의 의를 구하라 그리하면 이 모든 것을 너희에게 더하시리라"(마 6:31-33).

이방인은 하나님의 백성이 아니다. 하나님은 이방인의 필요를 채우시지 않는다. 그래서 이방인들은 걱정이 많다. 어떻게 먹고살지에 관심을 집중한다. 그들은 이방 잡신에게 끊임없이 잘 먹고 잘 살게 해달라고 요청한다.

하나님의 자녀는 그럴 필요가 없다. 하나님이 알아서 공급해 주시기 때문이다. 그러나 그 공급은 일용할 양식만큼이다. 이 땅에서 사는 동안 육체를 위한 더 많은 공급을 베풀어 주시지는 않는다. 왜일까? 사람은 떡으로만 사는 존재가 아니기 때문이다. 우리가 내려놓음의 기도를 해야 하는 이유가 바로 여기 있다. 하나님의 구원받은 백성은 일용할 떡과 하나님의 말씀으로 충분히 살아갈 수 있다. 또한 우리가 살아가는 목적은 떡을 위함이 아니라 하나님의 나라와 그분의 의를 위함이다. NLT 성경은 이 말씀을 다음과 같이 번역하고 있다.

"And he will give you all need from day to day if you live for him and make the Kingdom of God your primary concern"(하나님은 당신에게 매일매일 필요한 모든 것을 주실 것이다. 만일 당신이 하나님만을 위해서 살고, 가장 우선적인 관심을 하나님의 나라에 둘 때 말이다, 마 6:33, 저자 번역).

하나님의 창고는 풍요롭다. 하지만 그 풍요로움은 한꺼번에 주어지지 않는다. 일평생 살 수 있도록 미리 주시지도 않는다. 여기에는 만나의 원리가 그대로 숨겨져 있다. 우리는 매일의 삶을 알 수 없다. 만나라는 하나님의 공급하심을 받고 만족하는 것이 우리가 보여야 하는 반응이다. 하나님은 그분의 풍요로우심을 우리의 육체적 만족을 위해서 주시지 않는다. 그러므로 하나님의 창고 앞에서 욕심을 부리면 그 창고에 쌓여 있는 좋은 것들을 결코 얻을 수 없다. 하나님의 창고 문을 열고 들어갈 유일한 방법은 이 세상의 욕심을 내려놓고 하나님을 위해서 살고자 하는 마음을 갖는 것이다.

우리는 하나님을 위해 살고, 하나님은 우리의 삶을 책임지시는 영적인 원리가 작동될 때 하나님의 뜻에 가까운 기도를 할 수 있다. 아무리 열심히 기도한다 할지라도 정욕으로 구하는 기도는 하나님이 들어주시지 않는다. 이 사실을 깨달았다면 가장 먼저 이렇게 기도해야 한다.

"주여, 저의 욕심을 내려놓게 해주옵소서."

우리는 삶이 기도라고 하면 어떻게 해야 하는지 감이 잘 안 온다. 벌써 신앙 습관을 따라 기도는 따로 떼어서 해야 하는 것이라고 생각하는 것이다. 이것은 마치 하나님이 기도실에만 계시는 듯 착각하는 것과 같다. 일상의 삶 속에는 하나님이 안 계시기 때문에 일부러 기도하는 처소로 달려가야만 하나님을 찾을 수 있다고 생각하는 것이다.

이것은 틀린 생각이다. 하나님은 어디에나 계시며 우리는 어디서나 기도할 수 있다. 결국 삶이 곧 기도라는 것은 '기도를 교회에 가서 하는 말로 끝내지 말고 기도한 대로 살라' 라는 말이다.

7장

삶이 기도가 되게 하라

기도하고 실족하는 사람들

나는 몇 년째 교회에서 기도회를 인도하고 있다. 기도회에 나오는 성도들을 보면서 '참 많은 기도의 제목들이 있고, 참 열심히 기도하시는구나' 하는 생각을 하곤 한다. 그들을 보면서 때로는 목회자인 내가 오히려 도전을 받는다. 특히 그 성도의 상황이 얼마나 어려운지를 자세히 알게 되면 더욱 그렇다. 목회자인 나라도 그런 거대한 문제 앞에 선다면 마음이 무너져서 기도의 자리까지 나오지 못했을 것이다. 그런데도 무너진 마음을 가지고 하나님 앞에 나온 성도들을 보면 무척 귀하다는 생각이 든다.

'얼마나 절박하면 저렇게 부르짖을까? 얼마나 고통스러우면 저렇게 울며 하나님 앞에 나아갈까?'

어려운 상황에 놓여 있을 때, 우리의 기도를 들으시고 그 문제를 해결하실 수 있는 하나님이 우리의 아버지가 되신다는 것은 참 감사한 일이다.

그런데 간혹 기도 때문에 오히려 실족하는 사람들을 만날 때도 있다. 그들이 실족하는 이유를 한마디로 요약하면, "기도해도 안 되더라"다. 절박한 마음으로 하나님께 열심히 매달렸는데 하나님이 매정하게 기도를 들어주시지 않더라는 것이다. 하나님께 섭섭하다는 것이다. 그러면서 "하나님이 계시기는 합니까? 나를 사랑하시기는 합니까?" 하며 불평의 목소리를 높인다.

부모님을 갑자기 하늘나라로 떠나보내고, 며칠 안 되어 자녀가 심각한 질병에 걸리고, 남편이 실직해 가정에 경제적인 어려움이 찾아온다. 그래도 어떻게든 가정을 일으켜 보려고 몸부림치는데 잘 안 풀린다. 그러면 도저히 방법이 없어 "하나님, 기도밖에 할 수 없어 기도합니다" 하며 두 손 들고 하나님 앞으로 나온다. 그런데 그렇게 절박하게 기도해도 문제가 해결되지 않는다. 그때의 괴로움이란 경험해 보지 않은 사람은 상상조차 할 수 없다. 목회 현장에서 심각한 문제 앞에 놓여 있는 성도들을 수없이 만나면서 목회자인 나조차도 때로는 하나님께 볼멘소리를 낸다.

"하나님, 왜 이렇게까지 몰아가십니까? 저렇게까지 기도하는데 많은 문제 중 하나라도 풀어 주시면 안 됩니까?"

고난은 오히려 축복의 통로가 된다는 사실은 믿지만, 그래도 기도하면 해결될 기미라도 보여야 하지 않는가? 작은 응답조차 없을 때 실족하는 마음이 드는 것은 어쩌면 당연한 반응인지도 모른다. 그렇다면 하나님은 왜 기도 응답을 지체하시면서까지 우리를 다루어 가시는 것일까?

기도가 응답되지 않거나, 혹은 지체되는 이유는 크게 두 가지다. 하나는 하나님의 주권적인 뜻이 있기 때문이고, 또 하나는 하나님이 우리의 삶에 변화를 요청하시기 때문이다. 전자의 경우는 인간의 영역에서는 어찌할 수 없다. 하나님이 더 좋은 것으로 채우시리라는 믿음으로 인내하며 소망으로 기다리는 것이 취할 수 있는 유일한 반응이다. 그러나 후자, 즉 우리의 삶에 변화를 요청하시는 경우라면 스스로를 돌아봐야 한다. 하나님이 고난의 시간과 응답을 기다리는 시간을 통해 무엇을 배우기 원하시는지 발견하고 삶을 조정할 필요가 있다.

먹을 것을 포기하면서까지 드리는 기도

어떤 성도들은 그냥 기도하는 것만으로는 정성이 부족하다고 느껴 금식을 한다. 그런데 왜 금식을 해야 하는 것일까? 하나님은 우리에게 금식을 명령하신 적이 없다. 단지 하나님께 절박하게 부르짖을 때 자연스럽게 나온 행동 중 하나가 금식이었다. 어려움이 오고 한계 상황에 봉착하면 밥맛이 없는 것이 당연지사다. 이런 맥락에서 금식 기도는 식음을 전폐하고 하나님의 긍휼과 도우심만을 구하며 나아간 믿음의 사람들의 좋은 태도였다.

그런데 시간이 지나면서 금식이 갖는 중요한 의미는 사라지고 하나의 율법처럼 자리를 잡고 말았다. 마음은 절박하지 않은데 사람들에게 잘 보이려고, 혹은 하나님 앞에서 의로운 사람처럼 보이려는 종교 행위로 전락해 버렸다.

마음이 없는 금식은 아무런 의미가 없다. 그래서 혹자는 금식이 아니라 '굶식'(밥을 굶음)이라고 비아냥거리기도 했다. 밥만 굶고 기도는 안 한다는 것이다. 사람에게 보이려는 거짓된 행위일 뿐 진심이 담겨 있지 않다는 것이다. 이런 금식은 그저 자기의 종교적 열심을 사람들에게 보이려는 잘못된 행위에 불과하다.

이사야 58장에는 하나님이 금식에 대한 잘못된 열심을 지적하신 내용이 기록되어 있다.

"그들은 마치 옳은 일을 행하며 내 명령을 저버리지 않은 것처럼 날마다 나를 찾고 내 법도를 알기 원한다. 그들은 또 나의 공정한 판단을 요구하고 나를 가까이하는 것을 기뻐하는 것처럼 하며 이렇게 말한다. '우리는 금식하였는데 어째서 주는 보지 않으십니까? 우리는 우리 자신을 낮추었는데 어째서 주는 알아주지 않으십니까? 그러나 사실 너희는 금식을 하면서도 너희가 하고 싶은 대로 하며 너희 일꾼들에게 고된 일을 시키고 있다"(사 58:2-3, 현대인의성경).

이스라엘 백성은 진심으로 금식한 것이 아니라 자기들의 요구 사항을 관철시키기 위해서 금식을 하는 척만 한 것이었다. 게다가 금식하면서 하나님께 집중해 기도하지 않고 '자기들이 하고 싶은 대로' 다 했다. 심지어 일꾼들에게 그냥 일을 시킨 정도가 아니라 '고된 일'을 시키기까지 했다. 자신은 은혜를 받고 싶은 마음에 하나님께 간절한 듯이 쇼를 하면서 일꾼들은 힘들든 말든 관심이 없었다는 뜻이다.

하나님의 입장에서 이스라엘 백성이 금식하는 모습이 어떻게 보였을지 한번 상상해 보라. 앞에서는 칭찬하다가 뒤에 가서는 욕하는 이중적인 사람을 보며 느끼는 감정을 떠올리면 쉽게 이해가 될 것이다.

"내가 기뻐하는 금식은 흉악의 결박을 풀어 주며 멍에의 줄을 끌러 주며 압제당하는 자를 자유하게 하며 모든 멍에를 꺾는 것이 아니겠느냐"(사 58:6).

앞서 언급했듯이 하나님이 금식을 요청하신 적은 없다. 하지만 하나님이 기뻐하시는 금식은 있다. 하나님은 진정한 금식을 하려면 음식을 끊는 행위를 뛰어넘어 사람을 살려야 한다고 말씀하셨다. 하나님께 열심히 금식하며 기도하는 것이 삶에서 생명이 살아나는 열매로 나타나게 해야 한다는 것이다.

그런데 이사야 58장에서 금식하는 사람의 삶은 전혀 그렇지 못했다. 이처럼 이중적인 생각으로 살아가는 사람의 금식 기도를 하나님이 어찌 들어주시겠는가?

"우리가 금식하되 어찌하여 주께서 보지 아니하시오며 우리가 마음을 괴롭게 하되 어찌하여 주께서 알아주지 아니하시나이까 보라 너희가 금식하는 날에 오락을 구하며 온갖 일을 시키는도다 보라 너희가 금식하면서 논쟁하며 다투며 악한 주먹으로 치는도다 너희가 오늘 금식하는 것은 너희의 목소리를 상달하게 하려는 것이 아니니라"
(사 58:3-4).

그는 기도로는 부족하다고 생각해서 금식까지 했다. 하지만 하나님은 금식하는 사람의 중심을 보신다. "금식하는 행위와 금식하며 살아가는 삶이 다르다면 응답하지 않겠다"라는 명확한 메시지를 주신 것이다.

나의 삶을 지켜보시는 하나님

언젠가 재미있는 예화를 들은 적이 있다. 담배를 끊지 못하고 교회를 다니던 한 성도와 목사님의 대화 내용이다.

성도 : 목사님, 기도할 때 담배를 피워도 됩니까?
목사 : 절대로 안 됩니다. 기도 시간은 거룩한 하나님을 만나는 시간인데 담배를 피우다니요.
성도 : 그럼 목사님, 제가 직장에서 담배를 피우면서 기도하는 것은 어떤가요?
목사 : 그것은 괜찮습니다. 우리가 살아가는 삶 속에서 언제나 하나님께 기도할 수 있으니까요.

예화에 등장하는 목사님이 강조하고 싶었던 것이 무엇인지는 이해된다. 좋게 해석하면, 교회에서도 기도하고 일상에서도 기도하라는 권면이다. 그러나 그의 대답에서 말할 수 없는 아쉬움이 느껴지는 대목이 있다. 교회에서 담배를 피우면 안 된다면 밖에 나가서도 피우지 않도록 해야 했다. 담배를 피워도 되냐 안 되냐에 대해 논쟁하자는 것이 아니다. 핵심은 교회 안에서의 삶이 따로 있고, 교회 밖에서의 삶이 따로 있는 것이 아니라는 점이다.

'코람 데오'(하나님 앞에서)라는 말을 많이 들어 보았을 것이다. 하나님이 우리를 보고 계신다는 것을 인식하면서 살라는 의미다. 즉 성도들이 하나님 앞에서 살아간다는 것을 인식하고 하나님을 경외함으로 더욱더 정결하고 거룩한 삶을 살아가라는 말이다. 하나님이 우리의 삶이 어떠한지 지켜보고 계시니 조심하라는 의미인 것이다.

그런데 많은 사람들이 하나님이 함께하신다는 사실을 믿으면서도 그 의미를 왜곡하고 있는 것 같다. 오히려 적반하장으로 하나님을 마치 우리가 기도하면 듣고 응답해 주셔야 하는 도우미 정도로 여기며 살아가는 것 같다. 예화를 적용해 설명하자면, 담배를 피워도 좋으니 당신 곁에 계신 하나님께 기도해서 어려운 상황을 극복하게 해달라고 부탁하라는 것과 같다.

우리는 기도하는 것에 대해서만 지나치게 강조한다. 교회에서도 기도하고, 일상에서도 기도하라고 한다. 하나님이 교회에도 계시고, 교회 밖에도 계시니 우리의 기도를 들으신다는 것이다. 맞는 말이다. 하나님은 무소부재하시기에 어디에나 계시며 우리의 기도를 들으신다. 이것은 진리다.

그러나 우리의 기도를 들으시는 하나님이 우리 일상의 삶을 보고 계신다는 점 역시 꼭 기억해야 한다. 들으시는 하나님만 강조하고 지켜보시는 하나님을 약화시키면 우리의 기도는 겉과 속이 다른 이기적인 기도가 될 위험성이 크다. 열심히 기도하는 삶도 중요하지만 그에 못지않게 일상의 삶이 하나님 앞에서 정결하고 거룩해야 한다.

하나님은 우리가 기도하는 모습에 속지 않으신다. 하나님은 우리가 기도했던 교회 예배당에 갇혀 계시지 않는다. 우리의 기도를 듣고 계시던 하나님은 우리가 예배당을 빠져나와 집으로 돌아가는 동안에도 함께 계신다. 그리고 그렇게 부르짖어 기도했던 우리가 어떻게 살고 있는지를 지켜보신다.

교회에서는 오랜 시간 무릎을 꿇고 믿음이 있는 사람처럼 큰 소리로 부르짖었는데, 기도를 다 마친 후 일상에서의 삶의 태도나 모습은 죄로 가득하다면 하나님이 어떻게 생각하시겠는가? 과연 그의 기도를 들어주시겠는가?

기도 따로, 삶 따로?

많은 사람들이 '기도' 하면 나와 하나님의 관계 속에서만 이루어지는 것이라고 생각한다. 주일 성수를 하고, 십일조를 내고, 성경공부를 하고, 큐티를 열심히 하면 하나님과의 관계가 좋은 것이라고 생각한다. 신앙생활을 잘하고 있다고 착각한다.

그러나 신앙생활은 철저하게 인간관계 속에서 열매를 맺게 되어 있다. 혼자서는 신앙생활을 할 수 없다. 개인적으로는 경건 생활을 잘하는데, 주변 사람들과의 관계가 나쁘다면 신앙생활을 잘하고 있다고 할 수 없다. 하나님과의 관계만 잘 맺으면 된다는 독불장군식의 생각은 매우 위험한 신앙관이다. 혼자 주일 예배를 드리고, 혼자 기도원에 가고, 혼자 집에서 묵상하면서 "나는 하나님과 친밀하다"라고 말한다면 그것은 반쪽짜리 신앙일 뿐이다.

하나님과 깊은 교제를 나누었다면 받은 은혜를 주변 사람에게 나누어야 한다. 하나님과 올바른 관계를 맺은 사람은 반드시 주변 사람에게 선한 영향력을 미치게 되어 있다.

"이같이 너희 빛이 사람 앞에 비치게 하여 그들로 너희 착한 행실을 보고 하늘에 계신 너희 아버지께 영광을 돌리게 하라" (마 5:16).

사도행전 2장을 보면, 은혜 받은 초대교회 공동체의 모습이 잘 그려져 있다. 모이기를 즐겨 하고, 함께 기도하고, 서로 필요한 것들을 나누는 것이야말로 아름다운 신앙 공동체의 모습이다.

관계맺는 일이 약한 성도일수록 신앙의 목표가 자신에게 집중되기 쉽다. 기도 생활 역시 자신의 유익에만 초점을 맞춘다. 기도가 복을 받는 도구로 전락해 버린다. 이웃과 주변을 생각하지 않으니 결국 이기적인 기도를 하게 된다. 이기심은 욕심을 만들어 낸다.

자신의 유익을 위해 열심히, 뜨겁게, 통성으로 기도한다. 작은 소리로 기도하는 것보다는 큰 소리로 기도하는 것이 더 믿음이 있다고 생각하고, 그렇게 기도하면 더 많은 것을 얻으리라고 착각한다. 안타깝지만 이런 기도는 이사야 58장에 나오는 하나님이 기뻐하시지 않는 금식을 하는 사람의 기도와 다를 바 없다.

"남에게 피해 주지 않고 나름대로 신앙생활을 하면서 기도하는데 그것이 무슨 문제가 됩니까?" 하고 반박하고 싶을지도 모르겠다. 그러나 우리가 구원받은 하나님의 백성이 되었다는 것은 주 안에서 모두가 하나님의 자녀가 되었다는 의미다. 나의 신앙생활도, 나의 기도도, 나의 삶도 주변에 있는 하나님의 자녀와 무관할 수 없는 것이다.

어느 날 한 고등학교에서 모이는 '어머니 기도회'에 설교를 하러 갔다. 기도하러 오신 어머니들이 한 교실에 모였는데 40명 정도 되었다. 그때 하나님이 내게 주신 마음을 그분들과 함께 나누었다.

"여기 모인 어머니들의 기도 제목은 아마 거의 똑같을 것입니다. 우리 자녀들이 공부 잘해서 좋은 대학 가서 세상에서 성공할 확률을 높이는 것이 기도 제목일 것입니다. 조금 더 직설적으로 말하면, 1등 하는 자녀가 되게 해달라는 기도를 드릴 것입니다. 만일 이곳에 모인 어머니들 중 기도가 응답되어 한 자녀가 1등을 했다면 매우 기쁜 소식일 것입니다. 하지만 반대로 옆에 계신 어머니의 기도는 응답되지 못한 것이기 때문에 슬픈 소식도 됩니다. 누군가 2등 하는 자녀를 둔 어머니가 계신다면 결국 이 자리에는 40등 하는 자녀를 가진 어머니도 계신다는 말 아닙니까?"

관계적인 신앙인은 자신의 기쁨만을 추구하지 않고 주 안에서 형제자매의 아픔과 슬픔도 헤아릴 줄 안다. 이러한 관점을 가지지 않으면 열심 있는 기도가 개인의 기도 생활을 강화하는 방법이 될 수는 있어도 관계적인 삶과는 무관하기 때문에 문제가 될 수 있다. 하나님이 기뻐하시지 않는 기도일 수 있다.

열심히 기도하는 모습 때문에 '저 사람은 기도를 참 많이 하는 사람'이라는 평가를 받을 수 있다. 그러나 그의 삶의 모습을 보면서 오히려 '저 사람은 참 이기적인 사람'으로 비칠 수도 있다. 이런 이중적인 모습은 특별히 믿음이 없는 사람에게 오해를 불러일으키기 쉽다. 이기적인 모습을 바꾸지 않은 상태에서 기도를 더욱 열심히 하면 할수록 오해가 더욱 커질 수밖에 없다. 그러므로 기도하는 사람은 일상에서도 세상의 빛과 소금으로 살아가려고 노력해야 한다.

삶이 기도가 되게 하라

"삶이 기도가 되게 하라"라는 말의 일차적인 의미는 앞서 언급한 바와 같이 기도하는 사람이라면 삶 속에서 그리스도의 빛과 소금으로 살아가라는 것이다. 여기에 덧붙여 또 한 가지 강조하고 싶은 의미가 있다. 그것은 바로 '우리가 살아가는 삶 자체가 기도'라는 점이다.

'기도' 하면 말이나 소리로 해야 한다고 생각한다. 그래서 기도할 때 그 안에 언어적인 내용이 있어야 하고 부르짖는 소리가 필수 요소인 것처럼 여겨진다. 그러나 기도가 영이신 하나님과의 교제를 뜻하는 것이라면 우리의 기도는 말이나 소리의 영역을 뛰어넘을 수 있다. 말이나 소리를 내지 않아도 얼마든지 하나님께 우리의 마음을 알려 드릴 수 있고, 하나님의 마음을 전달받을 수 있다는 것이다.

예를 들어, 우리가 잘 아는 마태복음 6장 33절, "너희는 먼저 그의 나라와 그의 의를 구하라"라는 말씀을 생각해 보자. 예수님이 우리에게 하나님의 나라와 의를 구하라고 하셨는데, 이때 '구하라'라는 말이 기도라고 한다면 하나님의 나라와 의를 말과 소리로써 간구하라는 뜻일까?

하나님의 나라와 의를 구할 때 어떻게 기도했는지 한번 떠올려 보라. 그렇다면 이 기도가 결코 쉽지 않은 기도임을 잘 알게 될 것이다. 왜 어려운 것일까? 그것은 '하나님의 나라와 의'라는 단어가 너무나도 크고 방대한 의미를 갖고 있기 때문이기도 하지만, 동시에 이 단어가 삶 속에 구체적으로 나타나야 하는 단어이기 때문이기도 하다. 다시 말해, 우리가 말과 소리로 구할수록 추상적이 될 수밖에 없는 것이다.

많은 사람들이 하나님의 나라와 의를 구하기 위해 교회에 오고, 기도실을 찾고, 말과 소리로 기도한다. 어려운 기도 제목이기에 막연한 기도가 되기 쉽다. 그럼에도 불구하고 기도를 안 하는 것보다는 하는 편이 더 나을 것이라는 막연한 기대감으로 기도한다.

그런데 과연 기도가 마치 올림픽 정신처럼 무조건 참여하는 것만으로 의미가 있을까? 결론부터 말하면, 그렇지 않다. 교회를 찾아, 기도실을 찾아 막연하게 기도하는 것은 스스로에게 기도했다는 위안이 될지는 모르지만 하나님이 기뻐 받으시는 기도가 될 수는 없다. 차라리 무작정 밖으로 나가 복음을 전하든지, 질병으로 괴로워하는 사람을 찾아가든지, 미워하는 사람을 만나 대화를 나누는 편이 나을 것이다. 우리가 이렇게 결단하고 실행하는 행위는 실제로 하나님의 나라를 보이는 것이며 하나님 앞에 의로운 행위다.

전도할 때 하나님이 우리를 그냥 방치해 두실까? 아니다. 반드시 도우실 것이다. 아픈 사람을 도우려고 할 때 하나님이 우리를 그대로 내버려 두실까? 아니다. 우리가 더 잘 도울 수 있도록 물질과 건강을 주실 것이다. 미워하는 사람을 찾아갈 때 하나님이 우리를 그냥 내버려 두실까? 아니다. 우리에게 사랑의 마음을 주시고 상대방의 마음을 눈 녹듯이 녹이시는 기적을 베풀어 주실 것이다. 이외에도 수많은 예를 생각해 볼 수 있다.

이것이 하나님의 나라와 의를 구하는 것이다. 하나님의 나라가 삶의 모습 속에 나타나기를 원하는 마음이 곧 기도다. 우리의 삶 자체가 하나님이 기뻐하시는 기도이며, 하나님은 그런 우리의 삶에 즉각적으로 응답하시며 풍성한 복을 허락해 주실 것이다. 이 영적 원리가 바로 삶이 기도가 된다는 말의 의미다.

우리는 삶이 기도라고 하면 어떻게 해야 하는지 감이 잘 안 온다. 벌써 신앙 습관을 따라 기도는 따로 떼어서 해야 하는 것이라고 생각하는 것이다. 이것은 마치 하나님이 기도실에만 계시는 듯 착각하는 것과 같다. 일상의 삶 속에는 하나님이 안 계시기 때문에 일부러 기도하는 처소로 달려가야만 하나님을 찾을 수 있다고 생각하는 것이다.

이것은 틀린 생각이다. 하나님은 어디에나 계시며 우리는 어디서나 기도할 수 있다. 결국 삶이 곧 기도라는 것은 '기도를 교회에 가서 하는 말로 끝내지 말고 기도한 대로 살라' 라는 말이다. 하나님께 용서를 구했으면 누군가를 용서해야 한다. 용서받기 원하면 누군가를 용서해야 한다. 기도와 삶을 일치시키라는 것이다. 우리는 기도하는 삶에 만족하지 말고 기도를 들으시는 하나님께 떳떳

한 삶을 살아야 한다. 우리의 삶이 곧 하나님이 기뻐 받으시는 기도가 되도록, 즉 삶이 기도가 되도록 하려는 몸부림이 필요하다.

성경은 끊임없이 전쟁이 하나님께 속한 것임을 강조한다. 하나님은 이스라엘의 전력을 누구보다 잘 아셨다. 객관적인 데이터로는 승산이 없다는 것을 이스라엘 백성도 알고 있었다. 그렇기 때문에 하나님은 그 두려움을 이기게 하려고 친히 전쟁을 치러 주셨다. 그리고 이스라엘에게는 '하나님께 맡길 것'을 말씀하셨다.

8장

장애물은 반드시 하나님께 맡겨라

하나님이 반드시 필요한 인생

얼마 전 '교만'을 주제로 한 리더십 강의를 듣는 중에 이런 이야기를 들었다. 조종 경력이 오래된 베테랑 비행사 20명을 모아서 모의 비행을 실시했다고 한다. 이때 조건을 두 가지로 했는데, 첫 번째는 맑고 좋은 날씨였고, 두 번째는 흐리고 폭우가 쏟아지는 날씨였다.

예상했던 대로, 맑고 좋은 날씨에는 20년 베테랑 비행사들이 오랜 시간 아무런 문제없이 비행을 했다. 그런데 흐리고 폭우가 쏟아지는 날씨에 조종한 결과는 충격적이었다. 20명의 비행사들의 평균 운행 시간이 단 178초에 불과했다. 겨우 3분 남짓밖에 비행을 하지 못했다.

모의 비행 후에 왜 이런 결과가 나왔는지 조사해 보았다. 그러자 비행사들이 비행기를 오래 조종해서 익숙해질수록 계기판을 의존하기보다 자신의 경험과 능력으로 충분히 비행할 수 있다고 생각한 데 원인이 있었다.

이런 비행 습관은 맑은 날씨에는 아무런 문제도 발생시키지 않았다. 그러나 날씨가 흐리고 시야가 확보되지 않는 폭우가 쏟아지는 조건에서는 아무리 베테랑 비행사라도 경험이나 능력이 전혀 쓸모가 없었다. 앞이 보이지 않고 상하가 분간이 안 되는 상황에서는 인간의 눈으로만 판단하는 데 한계를 만날 수밖에 없다. 결국 계기판을 의존하지 않고 자신의 경험을 의지한 결과, 178초 만에 추락하고 만 것이다.

우리의 삶도 마찬가지다. 하나님은 우리에게 육신의 눈을 만능으로 주시지 않았다. 천 리 앞도 보고, 미래도 볼 수 있게 만들어 주시지 않았다. 모든 판단을 100% 완벽하게 내리도록 만들지 않으셨다. 그래서 우리는 한 치 앞도 안 보이는 인생의 밤을 만날 때 두려움과 답답함을 느낀다.

그렇다면 하나님은 인간을 왜 이렇게 불완전하게 만드셨을까? 답은 간단하고 명확하다. 비행기가 밤길을 안전하게 헤쳐 나갈 수 있도록 자동항법장치를 사용하듯이 우리 인생을 만드신 하나님이 친히 자동항법장치가 되어 줄 테니 우리의 경험과 판단, 그리고 눈앞밖에는 보지 못하는 육신의 눈을 의지하지 말고 하나님을 의지하라는 것이다.

나이가 많고 경험이 풍부하다 하더라도 하나님이 보시기에 우리는 다 인생의 초보 운전자다. 모두 가 보지 않은 길을 처음 가는 것이다. 초보 운전자 혼자의 힘으로는 극복할 수 없는 길이다. 그렇기 때문에 우리에게는 창조주 하나님이 필요하다. 하나님이 없으면 우리 인생은 178초도 견디지 못하고 추락하는 인생이 되고 말 뿐이다.

잘못된 결정

우리가 잘 아는 민수기 13장에는 가나안 땅 입성을 앞에 두고 이스라엘 백성이 열두 정탐꾼을 보내는 장면이 나온다. 25-26절은 정탐을 다녀온 사람들의 보고 내용을 들은 이스라엘 백성의 마음에 큰 기대감을 주기에 충분하다.

"바란 광야 가데스에 이르러 모세와 아론과 이스라엘 자손의 온 회중에게 나아와 그들에게 보고하고 그 땅의 과일을 보이고 모세에게 말하여 이르되 당신이 우리를 보낸 땅에 간즉 과연 그 땅에 젖과 꿀이 흐르는데 이것은 그 땅의 과일이니이다"(민 13:26-27).

가나안 땅의 과일이 매우 크고 풍족해서 포도송이가 달린 가지를 두 사람이 막대기에 꿰어 메고 올 정도였다. 뿐만 아니라 석류와 무화과 등 여러 과일들도 풍성했다. 그만큼 가나안은 좋은 땅이었다. 정탐꾼들이 메고 온 풍성한 과일을 본 이스라엘은 감격스러웠을 것이며 빨리 가나안으로 들어가고 싶었을 것이다.

그런데 바로 뒤이어 28절에서는 "그러나"라는 접두어와 함께 상황이 반전된다. 기쁨이 슬픔으로 바뀐 순간이다.

"그러나 그 땅 거주민은 강하고 성읍은 견고하고 심히 클 뿐 아니라 거기서 아낙 자손을 보았으며"(민 13:28).

먹을 것이 풍성해서 살기는 좋은데 그곳을 지키는 사람들이 막강한 거인 족속들이었다. 그러자 이스라엘 백성은 너무나도 쉽게 그 풍요로운 땅을 포기하는 결정을 내리고 말았다.

왜 그토록 쉽게 포기했을까? 무려 40년 동안이나 가나안 땅 한 곳만을 바라보면서 오지 않았는가? 힘들게 광야를 지나 온 시간이 아까워서라도 한번 싸워 보자는 마음이 들어야 정상이 아닌가? 게다가 40년 동안 함께하신 하나님의 능력을 이미 경험했을 텐데 왜 기도하지 않았을까? 어떻게 해서든 거인 족속을 이길 방법을 찾아봐야 하는 것이 아닌가? 우리에게 이런 상황이 닥친다면 어떤 결정을 내리겠는가?

이스라엘 백성은 주저하지 않고 애굽으로 돌아가기로 결정했다. 아무리 하나님이 약속하신 땅이고 풍요로운 곳이라고 해도 거인 족속과 싸워서 이길 수는 없다고 판단한 것이다. 그들의 눈에는 오직 거인 족속과 메뚜기같이 작은 자신들의 모습밖에는 보이지가 않았다.

"거기서 네피림 후손인 아낙 자손의 거인들을 보았나니 우리는 스스로 보기에도 메뚜기 같으니 그들이 보기에도 그와 같았을 것이니라"
(민 13:33).

이스라엘 백성의 가장 큰 잘못은 기도하지 않은 것이었다. 기도는 무언가를 결정할 때 하나님을 의식하고 하나님의 뜻이 무엇인지를 먼저 구하는 것이다. 기도하지 않으면 현실만 보인다. 당시 이스라엘 백성에게 있어서 판단 기준은 기껏해야 거인 족속은 크고 자신들은 작다는 것밖에는 없었다. 하나님이 빠지시면 그 결정은 항상 잘못이라는 것을 기억해야 한다.

혹시 하나님이 정탐꾼을 보내게 하신 이유를 이스라엘 백성이 오해했을지도 모른다. 하나님이 정탐을 하라고 하시니까 마치 자기들에게 가나안 땅에 들어갈지 말지를 결정하는 권한이 주어진 줄로 착각을 한 것이다. 그런데 그렇지 않다. 민수기 13장 1-2절을 보라.

"여호와께서 모세에게 말씀하여 이르시되 사람을 보내어 내가 이스라엘 자손에게 주는 가나안 땅을 정탐하게 하되 그들의 조상의 가문 각 지파 중에서 지휘관 된 자 한 사람씩 보내라"(민 13:1-2).

하나님은 "내가 이스라엘 자손에게 [이미 약속으로] 주는 가나안 땅"이라고 말씀하셨다. 그 땅은 이미 주어진 땅일 뿐 갈지 말지를 갈등해야 할 곳이 아니라는 것이다. 우리의 판단은 중요하지 않다. 하나님은 거인 족속이 있다는 것을 이미 알고 계셨다. 그러나 하나님께 거인 족속은 한낱 피조물일 뿐이다. 하나님의 계획에 전혀 지장을 주지 않는 대상이라는 것이다.

하나님이 정탐꾼을 보내게 하신 가장 중요한 목적은 하나님이 이미 주신 가나안 땅이 젖과 꿀이 흐르는 풍요로운 땅임을 보고 오라는 의도였다. 그런데 이스라엘 백성은 거인 족속과의 전쟁에 대해 두려움을 느끼고 이미 주시기로 약속된 가나안 땅의 모든 풍요로움을 포기하고 말았다.

우리도 인생을 살아가면서 이스라엘과 똑같은 실수를 저지를 수 있다. 현실적인 기준만으로 판단하다 보면 하나님의 뜻을 구하지 않게 된다. 또한 하나님이 우리의 상황을 모른다고 생각해 기도하지 않을 수 있다. 바로 그때 잘못된 결정을 내리게 된다. 잘못된 결정은 하나님이 우리에게 주시고자 하는 가장 좋은 것을 거절해 버리는 결과를 가져온다.

거인은 내가 상대할 존재가 아니다

성경은 끊임없이 전쟁이 하나님께 속한 것임을 강조한다. 하나님은 이스라엘의 전력을 누구보다 잘 아셨다. 객관적인 데이터로는 승산이 없다는 것을 이스라엘 백성도 알고 있었다. 그렇기 때문에 하나님은 그 두려움을 이기게 하려고 친히 전쟁을 치러 주셨다. 그리고 이스라엘에게는 '하나님께 맡길 것'을 말씀하셨다.

우리가 신앙생활을 하면서 착각하는 것 중에 하나는 하나님께 맡겨야 할 것과 내가 해야 할 일을 분간하지 못하는 것이다. 거인이라는 감당할 수 없는 장애물을 만났을 때는 하나님께 맡겨야 한다. 그 장애물을 넘어 보려고 애를 쓰면 쓸수록 깊은 수렁과도 같은 염려와 근심과 불만에 빠지게 된다. 거인 족속과의 전쟁은 출애굽부터 광야의 모든 여정에서 기적을 보이시며 인도하신 하나님께 맡겨야 한다. 하나님이 기적을 베푸신 이유는 "너희가 감당할 수 없을 때 걱정하지 말고 얼마든지 나를 찾으라"라는 메시지인 것이다.

이스라엘 백성이 할 일은 하나님이 주시기로 약속하신 가나안 땅의 풍요를 바라보고, 기대하고, 누리는 것이었다. 거인 족속에게 직접 대항하려다가 두려움에 휩싸여 하나님이 주신 풍요로움을 다 포기해서는 안 된다. 그것은 하나님이 원하시는 바가 아니다. 거인을 스스로 감당하려다 정작 누려야 할 풍요를 놓쳐 버리는 것은 지혜롭지 못한 처사다.

우리의 눈앞에는 어떤 영적 거인 족속이 장애물처럼 버티고 서 있는가? 때로는 가정의 문제, 재정 문제, 건강 문제, 장래 문제 등 내 힘의 영역을 떠난 일들이 셀 수 없이 많이 일어난다. 이런 일을 만날 때 우리가 보일 수 있는 반응은 두 가지다. 도저히 어쩔 수 없어서 낙심에 빠지거나, 아니면 도저히 어쩔 수 없기 때문에 하나님께 맡기는 것이다.

혹시 모든 일에 관여하고 책임지려고 하다가 절망하지는 않았는가? 하나님이 원하시는 것은 "내게 맡기고 너희는 할 수 있는 일을 하라"라는 것이다. 시간을 염려하다가 낭비하지 말라는 것이다. 염려해서 그 키를 한 자라도 크게 할 수 있다면 염려하는 것도 유익할 것이다. 그러나 그런 일은 없다. 염려는 반드시 우리를 파멸로 이끈다. 오히려 지금 이 시간 우리가 해야 할 일을 못하게 막는다. 지혜로운 사람은 하나님으로 하여금 일하시도록 하는, 영적인 원리를 아는 사람이다. 거인 족속을 하나님께 맡기는 사람이다.

하나님께 맡기면 시각이 바뀐다

민수기 14장 7-9절에는 거인 족속과의 전쟁을 하나님께 맡긴 갈렙과 여호수아가 등장한다.

"이스라엘 자손의 온 회중에게 말하여 이르되 우리가 두루 다니며 정탐한 땅은 심히 아름다운 땅이라 여호와께서 우리를 기뻐하시면 우리를 그 땅으로 인도하여 들이시고 그 땅을 우리에게 주시리라 이는 과연 젖과 꿀이 흐르는 땅이니라 다만 여호와를 거역하지는 말라 또 그 땅 백성을 두려워하지 말라 그들은 우리의 먹이라 그들의 보호자는 그들에게서 떠났고 여호와는 우리와 함께하시느니라 그들을 두려워하지 말라 하나"(민 14:7-9).

감당할 수 없는 거인 족속 때문에 낙망한 이스라엘 백성의 시각과는 상반된 태도를 볼 수 있다. 갈렙과 여호수아는 하나님이 정탐을 보내신 목적을 정확히 파악했다. 그들은 거인 족속이 아니라 '심히 아름다운 땅'에 집중했다. 그들은 여호와를 바라봤다. 여호와께서 그 땅으로 인도하실 것을 확신했다. 그들은 두려워하지 않았다. 왜일까? 이 전쟁이 이스라엘 백성의 전쟁이 아니라 여호와의 전쟁임을 알았기 때문이다. 거인 족속은 하나님이 책임지실 것을 믿었기 때문이다. 갈렙과 여호수아에게 거인 족속은 그저 '먹이'였다. 원어로 보면 '빵'이었다.

열 명의 정탐꾼과 이스라엘 백성은 거인 족속을 하나님께 맡기지 못하고 스스로를 메뚜기라고 생각함으로 가나안 땅의 풍요를 포기했다. 그러나 갈렙과 여호수아는 거인 족속을 하나님께 맡기고 가나안의 풍요를 쟁취했다. 이것이 바로 하나님께 맡겨야 할 것이 무엇인지 분별하는 사람과 그렇지 못한 사람의 차이다. 우리는 장애물 앞에서 무엇을 보고 있는가?

신앙의 위대한 인물들은 이 원리를 잘 알았다. 빌 하이벨스 목사님의 책 중에 『너무 바빠서 기도합니다』가 있다. 그 책에서 저자는 "우리가 우리 인생의 운전대를 잡고 운전하느라 정신을 빼앗기면 안 된다"라고 말했다. 운전대를 놓고 바쁜 인생을 하나님께 맡겨야 한다는 뜻이다. 우리가 잘 아는 종교개혁가 마르틴 루터의 말에 주목해 보자.

매일 아침 두 시간 기도하지 못한다면 마귀가 그날을 빼앗아 버릴 것이다. 나는 해야 할 일이 너무 많기 때문에 하루에 세 시간 기도하지 않을 수 없었다.

이처럼 그들은 기도를 통해 하나님께 인생의 모든 것을 위임했다. 우리에게도 스스로 감당할 수 없어 맡겨야 할 것이 너무 많다. 성경은 이렇게 말한다.

"네 길을 여호와께 맡기라 그를 의지하면 그가 이루시고"(시 37:5).

"네 짐을 여호와께 맡기라 그가 너를 붙드시고 의인의 요동함을 영원히 허락하지 아니하시리로다"(시 55:22).

"너의 행사를 여호와께 맡기라 그리하면 네가 경영하는 것이 이루어지리라"(잠 16:3).

"내 사랑하는 자들아 너희가 친히 원수를 갚지 말고 하나님의 진노하심에 맡기라 기록되었으되 원수 갚는 것이 내게 있으니 내가 갚으리라고 주께서 말씀하시니라"(롬 12:19).

수동적 기도도 배워야 한다

우리는 '기도' 하면 늘 자신이 주체라고 생각한다. 적극적이고 주도적으로 기도해야 한다고 생각한다. 기도 응답이 마치 자신이 열심히, 적극적인 태도로 기도했기 때문에 주어진 것이라고 여기기도 한다. 그러나 사실 하나님의 역사는 하나님의 뜻대로 이루어지는 것이지 우리의 공로는 조금도 있을 수가 없다.

"나는 너를 애굽 땅에서 인도하여 낸 여호와 네 하나님이니 네 입을 크게 열라 내가 채우리라"(시 81:10).

여기서 "네 입을 크게 열라"라는 말씀을 열심히 소리 내어 기도하라는 명령처럼 받아들이기 쉽다. 그런데 사실은 '너는 그저 입을 열고만 있으라' 라는 의미에 가깝다.

갓 태어난 아기 새들은 끊임없이 하늘을 향해 입을 벌린 채 목청을 내보이며 어미 새에게 먹이를 달라고 요청한다. 아기 새가 입을 벌리며 울 때 입 안의 빨간 목젖을 보면 어미 새는 모성 본능이 일어나 먹이를 가져다주지 않을 수 없다고 한다. 누가 이렇게 창조하셨을까? 바로 하나님이시다. 입을 벌리며 우는 아기 새들의 울음이 어미 새를 움직이도록 창조하신 것이다.

단지 새들만의 이야기가 아니다. 자녀를 키우는 부모라면 젖먹이 아기들의 울음소리를 기억한다. 배고프면 다짜고짜 우는 아기들은 큰 소리로 울며 먹을 것을 요구한다. 아기들은 불편하거나 필요한 것이 있으면 입을 벌려 우는 방식으로 호소한다. 그러면 부모가 성실하게 사랑으로 아기들의 필요에 반응한다.

어미 새와 아기 새, 그리고 부모와 자식의 관계를 이처럼 창조하신 분이 하나님이시라는 것을 기억해야 한다. 그 하나님이 우리가 그분 앞에서 입을 크게 열 때 우리의 고통, 우리의 기도 소리를 들으시는 것은 매우 당연하다.

기도는 우리 아버지 되시는 하나님의 긍휼과 자비를 믿고, 그 긍휼과 자비에 우리의 연약함을 가지고 나아가 호소하는 것이다. 우리 아버지 되시는 하나님의 선하심을 믿고, 갓난아기와 아기 새처럼 그분의 결정에 자신을 맡긴 채 그저 입을 열고 있는 것이 기도다. 무슨 음식을 우리 입에 넣어 줄지는 부모가, 그리고 어미 새가 가장 잘 알고 있다. 우리가 할 일은 단지 신뢰하는 것이다.

"너희 중에 누가 아들이 떡을 달라 하는데 돌을 주며 생선을 달라 하는데 뱀을 줄 사람이 있겠느냐 너희가 악한 자라도 좋은 것으로 자식에게 줄 줄 알거든 하물며 하늘에 계신 너희 아버지께서 구하는 자에게 좋은 것으로 주시지 않겠느냐"(마 7:9-11).

찰스 스펄전 목사님이 설교할 때 이런 내용을 전한 적이 있다. "성경은 가끔 동양 군주제도에 대한 특별한 관습을 내포하고 있다. 페르시아 황제는 충성스러운 신하에게 표창할 때 그의 입을 벌리게 해서 그 속에 진주나 값비싼 보석을 채워 주었다."

하나님이 이스라엘 백성에게 만나만을 주셨을 때 그분이 어련히 알아서 주셨을까. 우리는 그것이 하나님의 결정이고 우리에게 가장 좋은 것이라고 믿어야 한다. 선악과를 먹지 말라고 하셨을 때 하나님이 어련히 알아서 그런 명령을 주셨을까. 그것이 하나님의 결정이고 우리에게 가장 좋은 것이니 주신 것이다.

혹시 기도했는데 자신이 원하는 것이 주어지지 않아 괴로워하고 있는가? 그렇다면 아버지 되신 하나님이 자녀를 가장 잘 알아서 인도하고 계신다는 사실을 믿어야 한다. 하나님으로 하여금 일하시도록 하는 것만큼 좋은 것은 없다.

감당할 수 없는 인생의 미래나 현재 지고 있는 무거운 짐, 당장 해결해야 할 행사나 용서할 수 없는 마음은 우리 힘으로는 도저히 어찌할 수 없다. 자신의 한계를 넘어서는 일을 스스로 감당하려고 하다가는 자칫 잘못된 결정과 판단으로 인생이 파멸할 수도 있다. 위험성이 너무 크다. 마치 베테랑 조종사가 178초 만에 추락한 어이없는 결과처럼 말이다. 이때는 둥지의 아기 새처럼 겸손하게 하나님께 입을 여는 것이 가장 최선이다. 하나님은 우리 아버지이시며 아버지는 자녀를 반드시 책임진다.

"여호와여 내 마음이 교만하지 아니하고 내 눈이 오만하지 아니하오며 내가 큰 일과 감당하지 못할 놀라운 일을 하려고 힘쓰지 아니하나이다 실로 내가 내 영혼으로 고요하고 평온하게 하기를 젖 뗀 아이가 그의 어머니 품에 있음 같게 하였나니 내 영혼이 젖 뗀 아이와 같도다 이스라엘아 지금부터 영원까지 여호와를 바랄지어다"(시 131:1-3).

조그마한 씨앗을 땅속에 심은 농부는 열매를 맺을 때까지 어떤 마음으로 기다릴까? '과연 열매를 맺을 것인가?' 하고 의심하며 기다릴까? 아니다. 당장에는 땅속에 씨앗이 숨겨져 있고, 그 씨앗이 품고 있는 열매가 보이지 않는다. 그러나 농부는 씨앗이 결국 자라서 열매를 맺을 것을 분명히 알고 있다. 그래서 열매가 맺힐 때까지의 기다림을 괴로워하지 않는다. 식물을 기르는 동안 쏟아야 할 수고를 기꺼이 감수한다. 씨앗은 분명히 열매를 맺을 것이고, 그 열매는 농부의 모든 땀을 충분히 보상해 줄 것이다.

9장

인내가 주는
해피엔딩을
맛 보 라

문제투성이 인생

"문제가 없는 인생은 없다"라는 말은 진리다. 겉으로는 전혀 부족함이 없어 보이는 사람도 한 꺼풀만 벗겨 보면 실상은 크고 작은 문제들로 고통스러워하고 있다는 것을 금방 알 수 있다. 예측하지 못한 상황에서 갑작스럽게 문제가 닥쳐오면 그 고통은 더욱 커진다. 게다가 문제가 언제 해결될지 끝이 보이지 않는 경우 기도마저 나오지 않을 만큼 낙심에 빠지게 된다. 이런 인생의 문제는 과거나 현재나 어느 시대에나 있었다.

신학자 어거스틴은 413년부터 426년까지 14년 동안 『하나님의 도성』이라는 책을 썼다. 그가 이 책을 쓰게 된 배경이 매우 흥미롭다. 당시 로마는 최고의 나라였다. 문화, 경제, 교육 등 모든 분야에서 가장 앞서 가는 국가였다. 그런데 410년 야만족으로 불리던 고트족에 의해 로마가 함락되었다. 고트족은 손에 도끼를 들고 쳐들어와 순식간에 로마를 점령했다. 지난 600년 동안 외침을 알지 못했던 로마가 단 3일 만에 무너지고 말았다.

이는 실로 로마인들에게 믿기지 않는 사건이었다. 313년 콘스탄틴 대제가 기독교 국가로 선포한지 백년 밖에 지나지 않았기 때문에 그리스도인들은 상실감이 더욱 컸다. 게다가 여전히 우상숭배를 하던 이교도들이 "하나님이 왜 로마가 멸망하도록 놔두시는가?"라고 하며, 그리스도인들을 향해 비난의 화살을 마구 쏘아 댔다. 뿐만 아니라 기독교 때문에 로마가 약해졌다며 도전해 어려움은 배가되었다.

이런 상황에서 어거스틴은 『하나님의 도성』을 집필함으로 이교도의 도전에 대항하고 상실감에 빠진 그리스도인들에게 하나님의 통치를 바라보도록 격려했다.

어거스틴은 이 책을 통해 로마는 세상 나라를 상징하는 지상의 도성이며, 이는 사람이 만든 도성이자 영원할 수 없는 불완전한 도성이라고 말했다. 그러면서 지상의 도성이 무너지는 것이 곧 하나님의 도성이 무너지는 것은 아니라고 강조했다. 로마의 멸망이 곧 하나님 나라의 멸망은 아니라는 것이다. 오히려 하나님의 도성은 하나님이 통치하시는 나라이며 영원한 나라이기에 우리가 궁극적으로 바라봐야 하는 나라라고 강조했다.

로마 시대나 지금이나 우리는 지상의 도성을 살아가고 있다. 로마가 예상하지 못했던 야만족의 침략에 의해 무너졌듯이 우리의 삶 속에도 수많은 문제와 이해할 수 없는 일들이 벌어진다. 믿음의 사람들도 지상의 도성에서의 삶에서 예외일 수 없다. 그렇기 때문에 우리는 하나님의 도성을 사모하며 살아가야 한다. 이 고통의 끝을 바라볼 줄 아는 소망의 눈이 필요하다.

인내가 필요한 인생

"다만 이뿐 아니라 우리가 환난 중에도 즐거워하나니 이는 환난은 인내를, 인내는 연단을, 연단은 소망을 이루는 줄 앎이로다" (롬 5:3-4).

여기서 '인내'는 헬라어로 '휘포모네'인데, '휘포'는 '~ 아래'를, '모네'는 '머물다'를 각각 의미한다. 즉 '인내'는 '~ 아래에 머물다' 라는 의미의 합성어다.

직장에서 상사와 부하 직원 간의 관계를 생각해 보자. 상사를 둔 부하 직원들은 늘 견뎌야 할 것이 많다. 위에서 짓누르는 힘 아래 놓여 있다는 것은 곧 견뎌야 한다는 것을 의미한다. 특히 성경에서 '휘포모네'는 고난과 박해, 순교와 같은 중압감 아래 놓여 있는 상황을 말한다. 지상의 도성에 발을 딛고 사는 동안 우리는 세상 아래 놓인 삶을 살아야 하기에 인내할 것이 많다.

그런데 우리는 종종 인내에 대해서 오해를 한다. 성경에서 말하는 인내는 무조건 꾹 참는 것이 아니다. 인내에 대한 이러한 오해는 마치 못된 상사가 부하 직원을 괴롭히듯 하나님을 못된 상사로 오해하도록 만들 수 있다.

로마서 5장 3-4절에서 사도 바울은 인내가 무조건 참는 것이 아니라고 말한다. 그에게는 인내하는 노하우가 있었다. 그렇기 때문에 그는 환난 중에도 즐거워했다. 우리는 환난을 만나면 그것을 참아 내는 것 자체가 너무 괴롭고 힘들다. 그런데 사도 바울은 이것을 즐겼다. 어떻게 가능했을까?

사도 바울의 경우 환난이 올 때 그 환난을 바라보는 시각 자체가 달랐다. 그 역시 환난을 쉬운 것으로 여기지는 않았다. 그렇기 때문에 인내하며 견뎌야 했다. 인내의 과정이 생략되지 않았다는 점이 중요하다. 환난에서 인내 없이 바로 즐거움으로 넘어간 것이 아니라는 뜻이다.

사도 바울도 힘들게 인내했다. 왜냐하면 '휘포모네', 즉 이 땅 아래에서의 삶은 견뎌 내야 하는 것이기 때문이다. 그러나 사도 바울과 우리가 다른 점은 그는 소망을 가졌다는 것이다. 소망을 볼 수 없다면 환난은 그저 인내하고 연단해야 하는 괴로움의 과정에 불과할 뿐이다. 그러나 소망이 있는 한 환난은 괴로움이 아니라 즐거움이 될 수 있다.

동굴과 터널의 차이점이 무엇인가? 동굴은 출구를 알 수 없는 미로와 같은 곳이다. 그러나 터널은 비록 멀리 보이는 작은 빛이지만 계속 앞으로 걸어가면 언젠가는 출구를 만날 수 있다. 이 점에서 동굴과 다르다. 멀리 보이는 출구의 빛을 보는 것이 바로 소망이다. 믿음의 사람들에게 인내란 동굴이 아닌 터널 속에서의 인내다.

분명한 소망 안에서의 인내

그렇다면 성경이 말하는 소망은 무엇인가? 소망은 아무런 근거도 없이 앞으로 상황이 좋아질 것이라는 막연한 바람이 아니다. 어려움에 처한 사람을 위로할 때 "괜찮아. 앞으로는 잘될 거야", 혹은 "걱정하지 마. 앞으로는 좋은 날이 올 거야"라는 식으로 무작정 미래를 기대하도록 하는 것도 아니다. 성경이 말하는 소망은 낙관적이고 긍정적인 사고방식과는 다르다.

성경이 말하는 소망은 분명한 근거를 가지고 있기 때문에 '반드시', 그리고 '분명히' 일어날 일에 대해서 기대하는 것을 말한다. 그래서 성경에 '소망'이라는 단어가 나오면 '분명한 소망'이라고 고쳐 읽는 편이 의미를 더 확실하게 전해 준다. 히브리서 12장 2절에 기록된 예수님의 인내를 보면 소망에 대해 좀 더 선명하게 이해할 수 있다.

"믿음의 주요 또 온전하게 하시는 이인 예수를 바라보자 그는 그 앞에 있는 기쁨을 위하여 십자가를 참으사 부끄러움을 개의치 아니하시더니 하나님 보좌 우편에 앉으셨느니라" (히 12:2).

십자가에 달리는 것은 인간에게 있어서 극한의 고통이었다. 그러나 예수님은 그 고통을 인내하며 참아 내셨다. 단순히 육체적인 고통을 참아 내신 것이 아니었다. '이 고통이 언제 끝날 것인가?' 만 생각하면서, 마치 고문이 끝나기만을 바라는 인내가 아니었다. 예수님을 인내하시게 한 동력은 '분명한 소망' 이었다. 참아야 할 이유가 분명히 있었던 것이다. 그 이유가 무엇인가? '그 앞에 있는 기쁨' 에 대한 기대와 소망이다. 기쁨이 있을지도 모른다는 막연한 소망이 아니라 인내 후에 분명히 기쁨이 주어질 것이라는 소망이 있었던 것이다.

예수님이 바라보신 기쁨은 무엇이었는가? 그것은 십자가에서 죽으신 예수 그리스도를 믿는 자마다 영생을 얻을 것에 대한 기쁨이었다. 예수님께는 이 단번의 죽음으로 아담의 원죄가 끊어지고 모든 인류가 하나님을 아버지로 모시게 될 것에 대한, 즉 회복에 대한 분명한 소망이 있었다.

현대인들에게는 우울증이나 중독이라는 현대병들이 따라다닌다. 우울증은 현실의 어려움만 보고 미래에 주어질 소망을 보지 못하기 때문에 오는 질병이다. 오늘이 어제 같고, 내일이 오늘 같은 고난의 연속이라면 더 이상 살 이유가 없는 것이다. 미래가 없는 인생은 우리를 극단적인 낙심으로 끌고 간다. 중독도 마찬가지다. 미래가 없는 인생이다 보니 현실에서 도피할 곳을 찾는다. 게임, 술, 성적 쾌락이 현실의 고난을 피하는 도피처가 되어 버린다. 하지만 이러한 것들은 인생을 더욱더 공허하게 만들며 결국 파멸하도록 이끌 뿐이다.

두 가지 현대병의 공통점은 무엇인가? 그것은 소망 없는 삶에서 기인한 병이라는 점이다.

과연 우리에게는 환난이 찾아올 때 바라볼 소망이 있는가? 이 땅이 전부가 아니라 하늘나라가 있음을 소망하며 환난을 인내했던 사도 바울과 같은 분명한 소망이 있는가? 죽음을 인내하시면서까지 앞에 있는 기쁨을 바라보신 예수님과 같이 바라볼 소망이 있는가?

"그러므로 형제들아 주께서 강림하시기까지 길이 참으라 보라 농부가 땅에서 나는 귀한 열매를 바라고 길이 참아 이른 비와 늦은 비를 기다리나니 너희도 길이 참고 마음을 굳건하게 하라 주의 강림이 가까우니라"(약 5:7-8).

조그마한 씨앗을 땅속에 심은 농부는 열매를 맺을 때까지 어떤 마음으로 기다릴까? '과연 열매를 맺을 것인가?' 하고 의심하며 기다릴까? 아니다. 당장에는 땅속에 씨앗이 숨겨져 있고, 그 씨앗이 품고 있는 열매가 보이지 않는다. 그러나 농부는 씨앗이 결국 자라서 열매를 맺을 것을 분명히 알고 있다. 그래서 열매가 맺힐 때까지의 기다림을 괴로워하지 않는다. 식물을 기르는 동안 쏟아야 할 수고를 기꺼이 감수한다. 씨앗은 분명히 열매를 맺을 것이고, 그 열매는 농부의 모든 땀을 충분히 보상해 줄 것이다.

끝까지 인내하도록 기도하라

오랜 시간 기도해 왔는데 응답이 더딜 때, 바로 그때가 인내가 필요한 순간이다. 기도하는 모든 것이 당장에 주어진다면 인내는 필요 없다. 그러나 하나님이 가장 좋은 때에 가장 좋은 것을 주시기 위해서 인내를 요구하실 때가 있다.

앞서 언급했듯이 기도의 사람 조지 뮬러는 5만 번 이상 기도 응답을 받았다. 사실 5만 번 이상의 기도 응답 안에는 오랫동안 기도하며 응답을 받기까지 기다린 인내의 시간이 있었다. 그의 자서전을 읽어 보면, 비신자 5명을 위해서 기도한 내용이 나온다. 그 기도를 시작하고 나서 18개월 만에 한 사람이 회심을 했고, 5년이 지나서 또 한 사람이, 그리고 6년이 지난 후에 또 한 사람이 회심을 했다. 남은 두 사람은 36년간 회심하지 않다가 한 사람은 조지 뮬러가 죽기 직전에, 그리고 마지막 한 사람은 조지 뮬러가 죽은 후에 회심을 했다고 한다.

조지 뮬러는 어떻게 이처럼 당장 이루어지지 않는 일을 위해서 인내하며 기도할 수 있었을까? 그것은 하나님이 믿지 않는 영혼을 반드시 구원하실 것이며, 또한 기도는 반드시 응답된다는 '분명한 소망'을 가지고 있었기 때문이다. 그렇기 때문에 36년이라는 긴 시간을 괴로움보다는 기대감으로 기다렸을 것이다.

신앙생활을 하면서 기다리는 시간만큼 힘든 때는 없는 것 같다. 경제 문제, 건강 문제, 관계 문제로 고난의 시간을 보내고 있을 때 우리는 기도한다. 그 문제가 빨리 해결되기를 간절히 바란다. 그런데 기도에 대한 응답이 속히 오지 않고 인내의 시간이 길어질 때 우리의 믿음은 흔들린다.

야고보서의 배경은 수많은 사람이 핍박으로 인해 예수님을 떠나는 배교의 상황이다. 초대교회 당시에는 예수님의 재림을 기다리고 있었기 때문에 재림이 지연되는 데 따른 회의감으로 배교한 자들이 많았을 것이다. 야고보는 그 상황을 인내하라고 말했다. 그러면서 "너희 중에 고난당하는 자가 있느냐 그는 기도할 것이요"(약 5:13)라고 말했다.

인내와 기도는 불가분의 관계다. 인내해야 할 정도의 고난이 올 때 기도하게 되고, 기도는 인내하게 하는 힘이 되기 때문이다. 그러면서 야고보는 욥을 예로 들었다.

"보라 인내하는 자를 우리가 복되다 하나니 너희가 욥의 인내를 들었고 주께서 주신 결말을 보았거니와 주는 가장 자비하시고 긍휼히 여기시는 이시니라"(약 5:11).

욥을 통해 알 수 있는 진리는 인내에는 '결말'이 주어진다는 것이다. 그 결말이란 잃어버렸던 재산을 두 배로 다시 얻은 물질적인 축복만을 말하지 않는다. 하나님이 욥에게 주신 진정한 축복의 결말은 그의 고백이다.

"내가 주께 대하여 귀로 듣기만 하였사오나 이제는 눈으로 주를 뵈옵나이다"(욥 42:5).

욥은 결말을 통해 하나님이 자비하시며 긍휼하신 분임을 알게 되었다. 자비하시고 긍휼하신 하나님이 '분명한 소망'으로 자신을 이끄실 것을 확신하게 된 것이다. 욥기는 42장으로 끝이 나지만, 이후 욥은 어떠한 역경이 찾아오더라도 기도로 넉넉히 이겨 냈을 것이다.

하나님은 결코 인내의 시간이 소모적인 시간으로 낭비되도록 내버려 두시지 않는다. 다시 말해, 인내하는 시간을 의미 있게 만들어 주신다. 하나님은 기도하며 인내하는 시간을 통해 우리를 훈련하신다. 훈련을 통해 우리가 욥과 같이 '분명한 소망'을 더욱 확실히 볼 수 있도록 만들어 주신다.

"이는 너희 믿음의 시련이 인내를 만들어 내는 줄 너희가 앎이라 인내를 온전히 이루라 이는 너희로 온전하고 구비하여 조금도 부족함이 없게 하려 함이라"(약 1:3-4).

지금 이 글을 읽고 있는 독자들 중에 믿음의 시련을 기도로 통과하고 있는 분들이 계실지 모르겠다. 야고보는 "인내를 온전히 이루라"라고 권면한다. '온전히 이루라'란 인내하는 일을 멈추지 말고 시련이 끝날 때까지 참아 내라는 메시지다. 역으로 말하면, 하나님이 인내를 통해 원하시는 목적을 이루실 때까지 인내의 기도 시간을 계속 가지라는 의미이기도 하다.

우리는 자신에게 닥친 인내의 시간을 빨리 끝내는 것을 기도의 목표로 삼겠지만 하나님의 목적은 다르다. 하나님은 인내의 시간을 통해 우리로 하여금 온전하고 구비하여 조금도 부족함이 없게 하시려는 것이다. 이것은 마치 '성화된 그리스도인 만들기 프로젝트'라고 할 수 있다. 우리가 예수 그리스도를 따르는 그리스도인이라고 불리기에 부족함이 없도록 만드시려는 것이다.

지금 고난 가운데 기도로 인내의 터널을 지나고 있는가? 하나님의 목적을 볼 수 있는 지혜가 필요하다. 이 시간은 낭비되는 것이 아니다. 인내의 시간을 통해 어제보다 오늘 그리스도를 더 닮아 가는 과정이다. 그러므로 우리는 인내를 통해 얻은 '욥의 결말'을 위해 기도해야 한다. 하나님이 목적하신 훈련을 통과하기 위해 끝까지 기도의 줄을 붙잡아야 한다.

인내가 주는 열매

로마서 5장 3-4절은 인내가 연단을 이룬다고 말한다. 그렇다면 연단이란 무엇일까? 잠언 17장 3절은 연단의 의미를 잘 설명해 준다.

"도가니는 은을, 풀무는 금을 연단하거니와 여호와는 마음을 연단하시느니라"(잠 17:3).

연단이란 은이나 금을 녹여서 순수한 성분만을 추출하기 위한 정련 작업을 의미한다. 이것을 사람에게 적용해서 설명하면, 하나님이 보시기에 깨끗하고 정결한 사람으로 다듬어 가시는 과정이라고 할 수 있다. 새번역성경은 로마서 5장 4절을 다음과 같이 번역하고 있다.

"인내력은 단련된 인격을 낳고, 단련된 인격은 희망을 낳는 줄을 알고 있기 때문입니다"(롬 5:4, 새번역성경).

많은 영어 성경도 연단을 'character'(인격)로 번역했다. 원어의 의미를 보면 연단의 의미를 좀 더 정확하게 알 수 있다. 연단의 헬라어 원어는 '도키메'인데, '인격과 품성', 그리고 '시험과 증명'을 의미한다. 이 뜻을 조합해 보면, 환난과 고난이라는 시험이 닥쳐올 때 그 시험을 이겨 낸 결과가 바로 인격으로 증명된다는 것이다.

사도 바울은 빌립보서 2장 22절에서 "디모데의 연단을 너희가 아나니 자식이 아버지에게 함같이 나와 함께 복음을 위하여 수고

하였느니라"라고 하며 디모데에 대해서 설명했다. 여기서 "디모데의 연단을 너희가 아나니"라는 말씀은 '디모데가 여러 가지 시험을 통해 얻은 인격적인 성숙이 이미 증명되었음을 너희가 알고 있으니' 라는 뜻으로 해석할 수 있다.

즉 연단이란 천성적으로 주어진 '성격'(personality)과 구분되는 '인격'이라고 할 수 있다. 예를 들어, '내향적'(외향적)이라거나 '말수가 적다'(말수가 많다)거나, 혹은 '행동이 민첩하다'(행동이 느리다)는 것은 타고난 성격을 나타내는 설명이 될 수 있다. 그러나 훈련을 통해 후천적으로 얻어진 성품, 특히 도덕적인 성품은 인격이라고 말할 수 있다. 진실함, 정직함, 온유함 등이 인격의 예가 될 수 있다. 하나님은 인내의 시간을 통해 더욱더 기도하게 하시고, 그 기도의 시간을 통과하면 마침내 인격적인 그리스도인으로 우리를 빚어 가신다.

그러나 우리는 기도를 통해 상대방을 바꾸려고 할 때가 많다. 또한 기도를 통해 나타나는 결과물을 얻으려고 할 때가 많다. 병이 낫고, 경제적으로 부요해지며, 자녀들이 좋은 직장을 얻는 것이 기도의 응답이라고 생각한다. 그러나 하나님은 기도를 통해 우리 자신이 변화되기를 원하신다. 특별히 인내의 시간을 통해 연단되기를 원하신다.

우리가 원하는 것을 가장 빨리, 그리고 쉽게 얻어 내기 위한 수단이 기도라고 생각한다면 그것은 얕은 수준의 기도라고 할 수 있다. 깊은 수준의 기도는 기다림과 인내를 통해 영적으로 성숙하는 변화를 일으킨다.

그런데 우리는 신앙이 성장하고 성숙한 그리스도인이 되는 것을 기도의 응답으로 여기지 않는다. 바로 이것이 문제다. 신앙이 성장하고 성숙하는 것에 대한 가치를 잘 모른다. 깊은 수준의 기도보다는 얕은 수준의 기도를 드리는 것을 좋아하고, 자신을 변화시키기보다는 환경이 변화되기를 더 원한다. 내면의 영적 성숙보다는 외적으로 나타나는 결과를 원한다.

지금 잠을 못 이룰 정도로 힘든 일로 인해 기도하고 있는 분이 있는가? 오랫동안 기도하고 있는데 응답이 더뎌 지친 분이 있는가? 지금이 바로 깊은 기도로 초청하시는 하나님의 때다. 우리를 더 성숙한 그리스도인으로 변화시키기 원하시는 훈련의 때다.

인내는 연단으로 마무리되는 것이 해피엔딩이다. 오랜 시간 인내하며 기도한 결과는 바로 성숙한 인격의 열매를 거두는 것이다. 사도 바울이 갈라디아서 5장 22-23절에서 말한 성령의 열매, 곧 사랑과 희락과 화평과 오래 참음과 자비와 양선과 충성과 온유와 절제는 그리스도인들이 일평생 기도하며 가꿔야 하는 '인격의 열매'라고 할 수 있다.

이 열매를 맺는 일에 힘쓰고, 이 열매가 나타나는 것을 기쁘게 여길 때 우리는 인내의 시간을 넉넉히 견딜 수 있다. 그러므로 인내가 우리를 기도로 이끈다면, 인격은 우리에게 주어지는 가장 멋진 응답이라고 할 수 있다.

정말 기도하고 싶은가? 그렇다면 가장 시급히 해야 할 일은 인생의 주인공을 하나님으로 바꾸는 것이다. 내 인생을 빛내기 위해 하나님이 필요한 것이 아니라 하나님을 빛내기 위해 우리 인생이 존재하는 것이다. 태초의 기도로 돌아가야 한다.

10장

하나님은 우리의 전부가 되신다

하나님은 어디서나 빛나고 계신다

칼빈은 『기독교 강요』에서 하나님이 만드신 피조물을 가리켜 "하나님의 영광이 드러나는 눈부신 극장"이라고 했다. 매우 공감되는 표현이다. 하나님이 만드신 이 세상 곳곳에는 상상할 수 없을 만큼 아름다운 것들이 많다. 자신의 모습을 비추는 도구가 거울이라고 한다면 아마도 하나님의 거울에는 피조물들의 아름다움이 비치고 있을 것이다.

멀리서 예를 찾을 것도 없이 가까운 수족관에만 가 봐도 금방 알 수 있다. 수족관에 들어서는 순간, 생전 처음 보는 물고기 앞에 서서 그저 탄성을 자아낼 수밖에 없다. 어쩌면 저렇게 작은 물고기들을 형형색색 칠하시고 모양을 각기 다르게 만드셨는지 놀라울 따름이다. 심해에도 수많은 생명체가 살고 있다. 그곳은 생명을 유지하기가 불가능할 것 같은데 하나님은 그곳에도 피조물을 두셨다. 그런 사실들을 생각할 때마다 나도 모르게 "하나님 정말 대단하시다!"라는 말을 연발하게 된다. 그러면서 '하나님이 계시는 천국은 얼마나 더 아름다울까?' 하고 생각해 본다. 그때마다 가슴이 벅차오른다.

하나님은 우리 눈으로 볼 수 없는 영으로 존재하신다. 그러나 우리는 피조 세계를 통해 하나님의 아름다우심을 간접적으로 그려 볼 수 있다. 하나님의 아름다우심을 가장 많이 알 수 있는 피조물이 바로 인간이다. 이는 하나님이 모든 피조 세계를 만드신 후에 인간을 마지막으로 만드셨다는 것 뿐 아니라 "심히 좋다"고 하신 하나님의 마음에서도 알 수 있다. 하나님이 가장 아끼시는 피조물이 바로 인간인 것이다.

하나님은 인간을 창조하시고 무엇을 기대하셨을까? 하나님의 아름다우심과 위대하심을 나타내는 하나님의 거울에 가장 아름답게 비쳐야 하는 존재는 모든 피조물 중에 바로 인간이어야 한다.

하나님의 아름다운 피조물, 인간

하나님은 인간을 아름답게 창조하셨다. 이것은 단순히 외적인

미를 뜻하는 것만이 아니다. 창세기 2장 9절은 "여호와 하나님이 그 땅에서 보기에 아름답고 먹기에 좋은 나무가 나게 하시니 동산 가운데에는 생명나무와 선악을 알게 하는 나무도 있더라"(창 2:9)라고 말한다. 여기서 '아름답다' 라는 말은 '정말 좋아서 매일 가서 바라보고 싶은, 그리고 보면 참 좋은' 정도로 이해하면 된다. 즉 인간이 하나님이 만드신 아름다운 에덴동산 여기저기를 돌아다니면서 "와! 정말 좋아. 매일 보고 또 봐도 정말 좋아!"를 연발하며 다녔다고 상상하면 맞을 것이다.

이렇게 살아가는 인간의 모습이 가장 이상적인 예배의 모습이라고 할 수 있다. 아담과 하와는 에덴동산에서 마음껏 예배하는 예배자였다. 예배를 통해 하나님께 매일 영광 돌리는 삶을 살았다. 이 삶이 인간에게는 가장 가치 있는 삶이다. 왜냐하면 그렇게 창조되었기 때문이다.

그런데 인간에게 유혹이 다가오자 아름다움이라는 감정에 문제가 생겼다.

"여자가 그 나무를 본즉 먹음직도 하고 보암직도 하고 지혜롭게 할 만큼 탐스럽기도 한 나무인지라 여자가 그 열매를 따먹고 자기와 함께 있는 남편에게도 주매 그도 먹은지라"(창 3:6).

여기서 '탐스럽다'라는 말은 '아름다움'의 원어와 동일한 단어다. 순수했던 아름다움, 다시 말해 하나님이 주신 피조 세계를 누리며 감사하고 살았던 아름다움이 탐욕으로 바뀐 순간이다. 하나님을 예배하던 예배자의 자리에서 떠나 스스로가 삶의 주인이 되겠다는 죄성이 들어온 순간이다.

아이러니한 것은 아름다움을 몰랐다면 탐욕도 없었을 것이라는 점이다. 그러나 하나님은 우리로 하여금 아름다움을 알게 하셨다. 피조물의 주인으로 영광 받기를 원하셨기 때문이다. 하나님의 아름다우심을 인정하지 않으면, 인간의 창조 목적 자체가 사라지고 만다.

모든 것을 허용하신 하나님

여기서 '자유의지'라는 신학적인 논의를 심도 있게 다루고 싶은 생각은 없다. 그러나 결론적으로 말해, 하나님은 우리에게 모든 것을 허용하셨다. 언제든지 접근할 수 있도록 선악과를 보이게 두신 것을 보면 알 수 있다.

안 만드시거나 숨겨 놓지 않으셨다. 그 이유는 무엇일까? 인간은 아름다움을 선택할 것인가, 탐욕을 선택할 것인가를 스스로 결정하도록 창조되었다는 것이다. 그렇다 보니 우리의 삶 속에는 늘 갈

등과 긴장감이 가득하다.

다시 한 번 창세기 3장 6절을 보자. 한 구절 안에 수많은 감정이 교차하는 것을 볼 수 있다. '먹음직도'라는 말에는 히브리어 '토브'가 쓰였다.

이것은 하나님이 우리를 창조하신 후 "심히 좋다"고 하신 말씀 가운데 '좋다'의 의미로서, 성경에서 대부분 하나님의 선하심을 나타낸다. 즉 하나님이 처음 주신 아름다움을 선악과에서 느꼈다는 것이다.

그런데 '보암직도'라는 말에는 히브리어 '타아와'가 쓰였다. 이 단어는 '간절히 바라는 욕구', '욕망'을 뜻한다. 하나님이 가까이 가지 말라고 말씀하셨는데 자꾸 가고 싶은 것이다. 자꾸 더 보고 싶은 것이다. 여기서 하나님의 아름다우심이 선악과를 향한 욕망으로 바뀐다. 감정적으로 얼마나 혼란스러운지를 알려 주는 대목이라고 할 수 있다. 결국 아담과 하와는 하나님의 아름다우심보다 선악과의 '먹음직도 하고 보암직도 하고 탐스러움'을 선택하고 말았다.

우리에게는 모든 것이 허용되어 있다. 하지만 하나님이 분명히 정해 놓으신 범위 내에서만 가능하다. 모든 피조물을 하나님이 주신 아름다움으로 바라볼 수 있지만 하나님이 요청하신 범위를 넘어서면 잘못된 결과를 초래하게 되는 것이다.

내면에 심어 놓으신 하나님을 향한 갈망

아담과 하와의 잘못된 욕망은 하나님과의 단절을 가져왔다. 그들은 이제 하나님의 아름다우심보다는 이 땅의 아름다움에 마음을 두게 되었다. 이것은 인간에게 치명적이었다. 이 사건이 일어난 후 인간의 역사는 아담과 하와가 저지른 실수를 똑같이 반복했다. 수천 년이 지난 후 하나님이 예레미야 선지자에게 하신 말씀을 보자.

"내 백성이 두 가지 악을 행하였나니 곧 그들이 생수의 근원 되는 나를 버린 것과 스스로 웅덩이를 판 것인데 그것은 그 물을 가두지 못할 터진 웅덩이들이니라"(렘 2:13).

인간이 끊임없이 저지르는 죄는 하나님을 버리고 스스로 서기 위해 몸부림치는 것이다. 하나님과 붙어 있어야만 인간답게 살 수 있는데 그것을 버리고 자기 힘으로 살아 보겠다고 물을 가둘 웅덩이를 판 것이다. 그러나 불행하게도 그 웅덩이는 결코 물을 모을 수 없는 터져 버린 웅덩이였다. 인간은 하나님을 떠나 자기 힘으로는 결코 살 수 없다.

그런데 흥미로운 사실은 인간이 하나님과 단절되어 에덴동산에서 쫓겨났지만 계속해서 하나님과 연결되어 있었다는 점이다. 창세기 4장 1절을 보면 아담과 하와가 자녀를 낳는 장면이 묘사되어 있다.

"아담이 그의 아내 하와와 동침하매 하와가 임신하여 가인을 낳고 이르되 내가 여호와로 말미암아 득남하였다 하니라"(창 4:1).

쉬운성경과 NLT 성경은 "여호와로 말미암아"를 "여호와의 도우심"과 "With the Lord's help"라고 각각 풀어 설명하고 있다. 단절된 줄 알았는데 여전히 하나님과 인간이 연결되어 있었다. 하나님이 우리를 돕고 계심을 알 수 있는 대목이다.

생명을 주시는 분은 하나님이시다. 따라서 하나님이 도와주시지 않으면 자녀를 출생하는 일은 당연히 불가능하다. 출생뿐만이 아니라 이 땅을 창조하신 하나님의 도우심이 없이는 한순간도 살 수 없다. 결국 하나님은 여전히 아담과 하와를, 그리고 나아가 인류를 돕고 계셨고, 지금도 돕고 계시는 것이다.

이후에 가인과 아벨이 하나님께 제물을 바치는 장면이 나온다. 하나님이 제물을 바치라고 명하셨는지는 불분명하다. 그러나 하나님이 인간의 본능에 하나님을 예배하는 마음을 심어 놓으신 것만은 분명하다.

"셋도 아들을 낳고 그의 이름을 에노스라 하였으며 그때에 사람들이 비로소 여호와의 이름을 불렀더라"(창 4:26).

"여호와의 이름을 불렀더라"라는 말씀은 조금 더 구체적으로 말해, 하나님께 예배를 드렸다는 의미다. 그래서 쉬운성경은 "그때부터 사람들은 여호와의 이름을 부르며 예배를 드리기 시작했다"라고 번역하고 있다.

이것 역시 하나님이 명령하신 바가 아니었다. 그러나 인간은 하나님께 예배드리기 시작했다. 우리가 잘 아는 에녹 역시 하나님과 동행하며 일평생을 살았다(창 5:21-23). 하나님은 아브라함에게도 찾아오셨다. 아브라함은 그가 살고 있던 땅에서 하나님이 지시하신 땅으로 가라는 명령을 받았다. 그때 그가 보인 반응은 제단을 쌓고 여호와의 이름을 부른 것이었다(창 12:7-8).

성경 어디에도 타락 이후에 제단을 쌓고 예배하라고 알려 주는 내용이 없다. 아담과 하와는 에덴동산에서 사는 삶 자체가 예배였다. 하나님의 아름다우심을 곳곳에서 볼 수 있었기 때문에 매 순간 얼마든지 예배할 수 있었다. 그렇기 때문에 따로 단을 쌓고 제사를 드릴 필요가 없었다. 그렇다면 인간은 왜 이 땅에서 하나님께 단을 쌓고, 그 이름을 부르고, 예배하게 된 것일까?

그것은 바로 우리의 깊은 내면의 본능 가운데 하나님을 찾는 마음을 심어 놓으셨기 때문이다. 우리는 하나님을 찾지 않으면 살 수 없는 존재다. 비록 에덴동산에서는 쫓겨났지만 이 땅에서 살아갈 수 있도록 하나님이 안전장치를 해놓으신 것이다.

기도, 하나님의 또 다른 배려

하나님과 단절된 인간의 마음에는 늘 불안함이 있었을 것이다. '나는 하나님 없이는 살 수 없는데, 하나님이 이 땅에서조차 나를 떠나시면 어떻게 하지? 나는 어떻게 살지?' 하는 불안감이 매일 엄습했을 것이다.

또 한 가지, 하나님의 아름다우심을 다시 보고 싶다는 열망이 있었을 것이다. 특히 에덴동산을 경험한 아담과 하와는 더욱 그러했을 것이다. 어쩌면 자녀들에게 에덴동산의 아름다움을 설명했을지도 모르겠다. 그 이야기를 들은 자녀들은 하나님의 아름다우심을 간접적으로나마 경험했을 것이고, '나도 하나님의 아름다우심을 경험하고 싶다'라는 갈망을 가졌을 것이다. 그들은 한편으로는 불안함으로, 또 한편으로는 갈망함으로 제사를 드렸을 것이다.

성경은 제사에 대해서 "제단을 쌓고 여호와의 이름을 부르더니"라고 말한다. 그렇다면 하나님을 부른다는 것은 무엇을 뜻하는 것일까? 부르는 것은 멀리 떨어져 있는 누군가를 가까이 오도록 초청하는 것이다. 멀리 있는 존재는 잘 보이지 않는다. 불명확하다. 하나님이 멀리 계신 것처럼 느껴질 때 그들은 불안함을 느꼈을 것이다. 그러나 하나님이 가까이 오시면 훨씬 더 선명하게 볼 수 있었다. 그들은 하나님이 가까이하실 때 안정감을 느꼈을 것이다. 그리고 이렇게 기도했을 것이다.

"하나님, 저희를 떠나지 말아 주세요. 저희는 하나님 없이는 살 수 없습니다. 하나님이 필요합니다. 아니, 하나님만 필요합니다. 예전에는 저희가 욕망을 이기지 못하고 하나님이 아닌 다른 것을 선택했는데, 이제는 다른 것은 다 필요 없습니다. 오직 하나님만 필요합니다. 그리고 이제는 하나님의 아름다우심만을 바라보겠습니다. 저희가 주를 볼 수 있도록 가까이 와 주옵소서."

이것이 이 땅에서 아담과 하와의 가족이 드린 첫 기도였을 것이다. 결국 기도는 하나님과 단절된 인간을 다시금 연결시켜 주는 유일한 수단이었다. 하나님이 우리의 마음에 하나님을 영원히 갈망하는 마음을 심어 놓으셨듯이 우리가 기도로 하나님을 부를 수 있도록 허락하신 것이다. 기도는 하나님을 다시금, 그리고 항상 찾을 수 있도록 하나님이 우리에게 베풀어 주신 배려다.

태초의 기도는 하나님을 부르는 것이었다. 그들이 원한 것은 에덴동산에서처럼 오직 하나님 한 분과 사는 것이었다. 기도는 단절된 하나님과 인간을 다시금 연결시켜 준 하나님의 은혜였다. 후에 다윗은 이 사실을 알고는 다음과 같이 기도했다.

"내가 여호와께 바라는 한 가지 일 그것을 구하리니 곧 내가 내 평생에 여호와의 집에 살면서 여호와의 아름다움을 바라보며 그의 성전에서 사모하는 그것이라"(시 27:4).

예배하는 삶으로 만족하지 못하는 인생

에덴동산에서 인간의 삶은 지금 우리의 삶과 무엇이 달랐을까? 아담과 하와는 에덴동산에서 하나님으로 충분히 만족했다. 그러나 우리는 하나님으로는 부족한 듯 살아간다. 에덴동산은 예배하는 삶으로 가득했다. 어디서나 하나님의 아름다우심을 볼 수 있었다. 그 어떤 것도 하나님의 아름다우심 밖에 있지 않았다. 그러나 우리는 이 땅에 스스로 만들어 놓은 것들을 아름답다 여기며 살고 있다. 피조물을 하나님보다 더 아름답다고 여기는 것은 곧 그것을 예배하는 것이다. 그것은 우상이다. 하나님 한 분을 예배해야 하는데 우리는 너무 많은 것들을 예배하고 있다.

시편 27편 4절에서 다윗은 '한 가지'에 집중해서 기도했다. 그러나 우리의 기도 제목은 너무 많다. 왜냐하면 다윗은 하나님 한 분만으로 만족했지만, 우리는 바라는 여러 가지가 채워지지 않으면 불만족스러워하기 때문이다. 다윗은 하나님 안에 모든 것이 있다는 사실을 알았지만, 우리는 하나님 안에 모든 것이 있다는 사실을 믿지 못한다. 그래서 우리의 기도는 하나님을 슬프시게 할 때가 많다.

"온갖 좋은 은사와 온전한 선물이 다 위로부터 빛들의 아버지께로부터 내려오나니 그는 변함도 없으시고 회전하는 그림자도 없으시니라"
(약 1:17).

지혜로운 사람은 하나님의 아버지 되심을 아는 사람이다. 그는 하나님께 온갖 좋은 은사와 온전한 선물이 있다는 것을 알고 있다. 아담과 하와가 기도했던 이유가 바로 여기 있다. 하나님만이 모든 것을 공급하시는 분임을 알았던 것이다. 그런데 우리는 공급하시는 하나님을 원하는 것이 아니라 좋은 은사와 온전한 선물에만 관심이 있다. 하나님을 그저 자신이 원하는 것을 전달해 주는 택배 기사같이 여기고 있다.

기도의 진정한 목적

우리는 선물을 들고 온 택배 기사에게 "선물을 잘 전달해 주셔서 고맙습니다"라고 말한 후 문을 닫아 버린다. 기도할 때도 마찬가지다. 하나님이 주시는 선물에만 관심이 있을 뿐 선물을 주시는 하나님을 택배 기사 취급해 버린다. 그러고 나서 그 선물로 자기 자신을 치장하기 시작한다. 자기를 빛내려고 한다. 좋은 옷을 입고, 예쁘게 화장하고, 귀금속을 단 채 밝은 미소로 만족해한다. 하나님은 없다. 그저 선물만이 온 몸을 뒤덮고 있다. 그렇게 자신의 인생이 참 행복하다고 착각하며 살아간다.

『웨스트민스터 소요리문답』 제1문은 "사람의 제일 되는 목적은 무엇입니까?"라고 질문한다. 이에 대한 답은 이렇다.

> 사람의 제일 되는 목적은 하나님을 영화롭게 하고 영원토록 그를 즐거워하는 것입니다.

이제 더 이상 『웨스트민스터 소요리문답』 제1문은 우리의 삶에 영향을 미치지 못하는 것 같다. 인간의 목적이 하나님을 영화롭게 하고 영원토록 하나님을 즐거워하는 것이라는 점에 대해 동의하기 어려운 것 같다. 세상의 중심에 하나님은 계시지 않고 오직 나만 있다.

언젠가 한 형제에게 이런 질문을 했다. "인생에서 누가 주인공이 되기를 원하십니까?" 그러자 그는 당연하다는 듯이 "제 인생인데

제가 주인공이죠"라고 답했다. 과연 맞는 답일까?

이렇게 생각하는 한, 태초에 아담과 하와가 드렸던 기도를 하기란 불가능하다. 태초의 기도는 하나님의 아름다우심을 보고 싶다는 갈망함이었다. 그러나 우리의 기도는 하나님을 통해 세상의 것들로 자신을 채우겠다는 욕망일 뿐이다. 하나님을 빛내는 것이 인간의 목적인데, 우리는 스스로를 빛내겠다고 기도하고 있다.

"이 백성은 내가 나를 위하여 지었나니 나를 찬송하게 하려 함이니라"
(사 43:21).

정말 기도하고 싶은가? 그렇다면 가장 시급히 해야 할 일은 인생의 주인공을 하나님으로 바꾸는 것이다. 내 인생을 빛내기 위해 하나님이 필요한 것이 아니라 하나님을 빛내기 위해 우리 인생이 존재하는 것이다. 태초의 기도로 돌아가야 한다.

에필로그

흔히 사랑이 동사라고 말한다. 사랑은 이론이 아니라 실제로 '하는 것'이라는 뜻이다. 사랑은 아무리 정의하려고 해도 말이나 글로는 정의될 수 없는 것이다. 기도도 마찬가지다. 기도는 이론으로 알고 정의하는 것만으로는 충분하지 않다. 기도는 실제적인 것이고 '하는 것'이다. 만일 누군가가 "나는 기도에 대해서 압니다"라고 말한다면 그것은 기도의 초보 단계라고 할 수 있다. 달리기 위해 출발선에 선 것과 같다.

나는 이 책을 쓰면서 "기도란 무엇인가?"에 대한 지식적인 앎에 그치지 않기를 바라는 마음이 들었다. 신앙생활을 오래한 사람일수록 기도가 무엇인지에 대해서는 너무나도 잘 알지만 정작 기도하는 사람은 많지 않은 것 같다. 왜 기도를 아는 사람은 많은데 기도하는 사람은 적은 것일까? 나는 그 이유가 "기도란 무엇인가?"

라는 지식적인 기도가 강조되었기 때문이라고 생각한다.

가장 이상적인 기도가 무엇인지, 즉 '이론의 성'을 쌓는 데 너무 많은 에너지를 쏟느라 정작 기도하지는 않는다. 또한 높아진 이론의 성 꼭대기에 다다르지 못하는 자신을 자책하면서 괴로워하는 데 시간을 낭비할 때가 많다. 이것이 바로 우리의 모습은 아닌가?

'메커니즘'이란 목적을 이루기 위한 방법이나 원리를 말한다. 왜 이런 결과가 나왔는지, 어떻게 시작되었고, 어떤 과정을 거쳐서 이런 현상이 초래되었는지를 설명할 수 있게 만든 것이 바로 메커니즘이다. 우리는 신앙을 메커니즘화하는 것을 지나치게 좋아하는 경향이 있다. 신앙을 메커니즘화하려는 이유는 설명을 가능하게 하기 위해서다.

그런데 문제는 신앙은 결코 메커니즘화될 수 없다는 점이다. 특히 자신이 이해하고 설명이 가능하게 하고자 신앙을 쉬운 것으로 만들려는 노력은 결코 이루어질 수 없다. 그것은 마치 하나님을 단순화함으로써 자기가 이해하는 방식으로 만들어 버리려는 위험한 시도와도 같다.

  기도도 마찬가지다. 기도를 했는데 성경의 인물들처럼 기적이 일어나지 않으면 우리는 마음이 어렵다. 기도를 해도 빨리 응답이 오지 않을 때 우리는 마음이 불편하다. 하나님은 그럴 때일수록 더욱 기도로 나아가기를 원하신다. 하지만 많은 사람들은 기도하는 일을 멈추고 자기가 이해할 수 있는 기도에 대한 메커니즘을 찾기 시작한다. 기도의 원리를 찾아 어느 정도 이해한다. 그러면 이제 기도를 해야 하는데 단지 지식을 통해 이해한 기도에 만족하고 만다. '기도에 대해서 아는 것'을 '기도하는 것'으로 착각한 것이다.

  이 책을 통해 다시 한 번 기도해야겠다는 의욕과 동기부여를 가질 수 있기를 간절히 바란다. 그리고 기도에 대해서 쌓았던 높은 이론의 성과 쉽게 이해하려고 만들어 놓은 기도의 메커니즘을 버리고 기도를 주신 하나님의 마음을 알아 기도하는 일에 집중하기를 바란다. 기도에 담겨 있는 보다 본질적인 의미를 각자 되새기며 기도가 더 편해지고, 자연스러워지며, 일상이 되는 전환점이 되기를 원한다.

기도가 무거운 숙제가 되고 율법이 되어 버린 현실 가운데 다시 한 번 기도가 우리에게 큰 축복임을 깨달아 하나님께 무릎 꿇는 일이 행복해지기를 간절히 바란다.

사명선언문

너희가 흠이 없고 순전하여……세상에서 그들 가운데 빛들로
나타내며 생명의 말씀을 밝혀 _ 빌 2:15-16

1. 생명을 담겠습니다
만드는 책에 주님 주신 생명을 담겠습니다.
그 책으로 복음을 선포하겠습니다.

2. 말씀을 밝히겠습니다
생명의 근본은 말씀입니다.
말씀을 밝혀 성도와 교회의 성장을 돕겠습니다.

3. 빛이 되겠습니다
시대와 영혼의 어두움을 밝혀 주님 앞으로 이끄는
빛이 되는 책을 만들겠습니다.

4. 순전히 행하겠습니다
책을 만들고 전하는 일과 경영하는 일에 부끄러움이 없는
정직함으로 행하겠습니다.

5. 끝까지 전파하겠습니다
모든 사람에게, 땅 끝까지, 주님 오시는 그날까지
복음을 전하는 사명을 다하겠습니다.

서점 안내

광화문점 서울시 종로구 새문안로 69 구세군회관 1층
02)737-2288(T) 02)737-4623(F)

강남점 서울시 서초구 신반포로 177 반포쇼핑타운 3동 2층
02)595-1211(T) 02)595-3549(F)

구로점 서울시 구로구 시흥대로 577 3층
02)858-8744(T) 02)838-0653(F)

노원점 서울시 노원구 동일로 1366 삼봉빌딩 지하 1층
02)938-7979(T) 02)3391-6169(F)

분당점 경기도 성남시 분당구 황새울로 315 대현빌딩 3층
031)707-5566(T) 031)707-4999(F)

신촌점 서울시 마포구 서강로 144 동인빌딩 8층
02)702-1411(T) 02)702-1131(F)

일산점 경기도 고양시 일산서구 중앙로 1391 레이크타운 지하 1층
031)916-8787(T) 031)916-8788(F)

의정부점 경기도 의정부시 청사로47번길 12 성산타워 3층
031)845-0600(T) 031)852-6930(F)

인터넷서점 www.lifebook.co.kr